Vudú para principiantes

Guía del vudú de Nueva Orleans, el vudú haitiano y el hudú

© Copyright 2024

Todos los derechos reservados. Ninguna parte de este libro puede ser reproducida de ninguna forma sin el permiso escrito del autor. Los revisores pueden citar breves pasajes en las reseñas.

Descargo de responsabilidad: Ninguna parte de esta publicación puede ser reproducida o transmitida de ninguna forma o por ningún medio, mecánico o electrónico, incluyendo fotocopias o grabaciones, o por ningún sistema de almacenamiento y recuperación de información, o transmitida por correo electrónico sin permiso escrito del editor.

Si bien se ha hecho todo lo posible por verificar la información proporcionada en esta publicación, ni el autor ni el editor asumen responsabilidad alguna por los errores, omisiones o interpretaciones contrarias al tema aquí tratado.

Este libro es solo para fines de entretenimiento. Las opiniones expresadas son únicamente las del autor y no deben tomarse como instrucciones u órdenes de expertos. El lector es responsable de sus propias acciones.

La adhesión a todas las leyes y regulaciones aplicables, incluyendo las leyes internacionales, federales, estatales y locales que rigen la concesión de licencias profesionales, las prácticas comerciales, la publicidad y todos los demás aspectos de la realización de negocios en los EE. UU., Canadá, Reino Unido o cualquier otra jurisdicción es responsabilidad exclusiva del comprador o del lector.

Ni el autor ni el editor asumen responsabilidad alguna en nombre del comprador o lector de estos materiales. Cualquier desaire percibido de cualquier individuo u organización es puramente involuntario.

Su regalo gratuito

¡Gracias por descargar este libro! Si desea aprender más acerca de varios temas de espiritualidad, entonces únase a la comunidad de Mari Silva y obtenga el MP3 de meditación guiada para despertar su tercer ojo. Este MP3 de meditación guiada está diseñado para abrir y fortalecer el tercer ojo para que pueda experimentar un estado superior de conciencia.

https://livetolearn.lpages.co/mari-silva-third-eye-meditation-mp3-spanish/

¡O escanee el código QR!

Tabla de Contenidos

INTRODUCCIÓN 1
CAPÍTULO UNO: COMPRENDER EL VUDÚ Y EL HUDÚ 3
CAPÍTULO DOS: BONDYE Y EL MUNDO 13
CAPÍTULO TRES: LOS ALIADOS DEL VUDÚ: LOS LWA Y LOS ANTEPASADOS 21
CAPÍTULO CUATRO: EL RADA LWA 31
CAPÍTULO CINCO: LOS GEDE LWA 41
CAPÍTULO SEIS: LOS PETRO LWA 48
CAPÍTULO SIETE: ALTARES VUDÚ Y HUDÚ 58
CAPÍTULO OCHO: BOLSAS DE MOJO Y GRIS-GRIS 67
CAPÍTULO NUEVE: LIMPIEZA Y ELEVACIÓN DE LAS PROTECCIONES 77
CAPÍTULO DIEZ: VUDÚ PARA EL AMOR Y LA ABUNDANCIA 86
GLOSARIO 96
CONCLUSIÓN 105
VEA MÁS LIBROS ESCRITOS POR MARI SILVA 107
SU REGALO GRATUITO 108
REFERENCIAS 109

Introducción

La gran Maya Angelou dijo una vez: *"Cuanto más conoces tu historia, más liberado estás"*. Y eso es precisamente lo que pretende este libro: ilustrarle sobre la fascinante historia, los rituales y las prácticas del vudú.

Tanto si es un escéptico, como si es un creyente, este libro es para usted si desea adentrarse en la historia del vudú. Desde las vibrantes calles de Nueva Orleans hasta la mística tierra de Haití, el vudú ha cautivado la imaginación de la gente durante siglos. Pero, ¿qué es exactamente el vudú? ¿Es una religión, una cultura, un modo de vida o algo totalmente distinto? Estas preguntas se explorarán a través de las páginas de este libro, que se adentrará en el complejo y polifacético mundo del vudú.

Pero, ¿qué diferencia a este libro de los demás del mercado? Para empezar, está escrito en un inglés sencillo y fácil de comprender. Nunca se encontrará perdido sobre cuáles son los conceptos que contiene este libro mientras le conduce a través del laberíntico mundo del vudú.

Y eso no es todo: este libro está hecho a medida para principiantes. No necesita ningún conocimiento o experiencia previa con el vudú para coger esta guía y comenzar su viaje. El complejo y a veces desalentador mundo del vudú ha sido destilado para dejarle con un conocimiento cristalino sobre el tema.

Pero este libro no se limita a la teoría. También está repleto de métodos prácticos e instrucciones. Aprenderá a crear sus propios muñecos vudú, a lanzar hechizos y a realizar rituales transmitidos de generación en generación. Con las guías paso a paso, podrá practicar el vudú en su casa y experimentar por sí mismo su poder transformador.

Como dijo una vez el gran detective Sherlock Holmes: *"Es un error capital teorizar antes de tener datos"*. Así pues, la lectura de este libro le proporcionará los datos que necesita para apreciar y comprender plenamente el mundo del vudú. Tanto si es un principiante curioso como si es un practicante experimentado, esta guía enriquecerá sus conocimientos y profundizará su comprensión de esta antigua y misteriosa tradición. ¿A qué espera? Pase página e inicie un viaje por el fascinante mundo del vudú.

Capítulo Uno: Comprender el vudú y el hudú

Al adentrarse en la evolución histórica y cultural del vudú haitiano, el vudú de Nueva Orleans y el hudú, encontrará una compleja red de creencias y prácticas entrelazadas con las experiencias de los afrodescendientes en las Américas. Estas prácticas surgieron como una forma de preservar y celebrar la espiritualidad africana, a menudo frente a las fuerzas opresoras que pretendían borrarla.

Vudú haitiano

El vudú haitiano es una práctica espiritual compleja y llena de matices que surgió de las experiencias de los africanos occidentales esclavizados en Haití. La práctica está profundamente arraigada en las tradiciones de la espiritualidad de África Occidental y fue moldeada aún más por la vida forzada de la esclavitud y la resistencia de los africanos esclavizados hacia sus opresores. La práctica del vudú comenzó con la llegada de africanos esclavizados a Haití en el siglo XVI. Estos individuos procedían de diversas regiones de África Occidental, cada una con sus propias tradiciones y prácticas espirituales. Sin embargo, todos se vieron reunidos bajo el brutal nivel de vida de la esclavitud, y estas prácticas espirituales se convirtieron en una forma de preservar la cultura original de los esclavos y resistirse a los deseos de sus opresores.

Una de las creencias centrales del vudú haitiano es la idea de los Lwa, o espíritus, que son vistos como intermediarios entre los humanos y lo divino. Se cree que los Lwa pueden comunicarse con los antepasados y ofrecer protección y guía a quienes les honran. Muchos de los Lwa del vudú haitiano tienen sus raíces en las tradiciones espirituales de África Occidental. Sin embargo, han evolucionado y se han adaptado con el tiempo para reflejar las experiencias de los haitianos. La práctica del vudú haitiano también incluye elementos del catolicismo, la religión dominante de los colonizadores franceses en Haití. Los africanos esclavizados en Haití fueron obligados a convertirse al catolicismo. Aun así, a menudo encontraron formas de incorporar sus propias prácticas espirituales a la religión. Por ejemplo, identificaban a los santos católicos con los Lwa y utilizaban símbolos y rituales católicos en sus ceremonias de Vudú.

Uno de los aspectos más importantes del Vudú haitiano es el papel del sacerdote o sacerdotisa, conocido como houngan o mambo. Se cree que estas personas tienen una conexión especial con los Lwa. Son los responsables de dirigir las ceremonias y realizar los rituales. Los houngan o mambo pasan por un periodo de entrenamiento e iniciación, durante el cual aprenden los secretos del Vudú y las formas de comunicarse con los Lwa. La práctica del Vudú haitiano se ha enfrentado a la persecución y la supresión a lo largo de la historia. Los colonizadores franceses de Haití consideraron que el Vudú amenazaba su autoridad e intentaron suprimirlo por la fuerza. Sin embargo, el Vudú siguió practicándose en secreto y desempeñó un papel importante en la Revolución haitiana, que dio lugar a que Haití se convirtiera en la primera república negra del mundo.

Tras la Revolución haitiana, el vudú siguió practicándose en Haití y se extendió a otras partes del mundo. Sin embargo, muchos seguían viéndolo con recelo y temor. A principios del siglo XX, el periodista estadounidense William Seabrook escribió un libro sensacionalista sobre el vudú titulado "La isla mágica", que perpetuó muchos estereotipos negativos sobre esta práctica. A pesar de estos desafíos, el vudú haitiano ha seguido evolucionando y adaptándose. Hoy lo practican millones de personas en todo el mundo y ha tenido un impacto significativo en el arte, la música y la literatura. El vudú haitiano sigue siendo una fuerza poderosa para la curación espiritual y la preservación cultural, y sirve como recordatorio de la gran fuerza de los afrodescendientes en las Américas.

Vudú de Nueva Orleans

El vudú de Nueva Orleans, también conocido como vudú de Luisiana, es una mezcla única de prácticas religiosas y culturales africanas y europeas y de influencias nativas americanas. Ha sido moldeado por la historia de la ciudad y la gente que la ha llamado hogar. El vudú de Nueva Orleans tiene sus raíces en la trata transatlántica de esclavos, que llevó a millones de africanos a América. Muchos de estos africanos esclavizados procedían de las zonas hoy conocidas como Benín y Togo, donde se originó la religión del vudún (o vudú). Estos africanos fueron obligados a trabajar en las plantaciones de Luisiana, donde se les prohibió practicar sus propias religiones. Sin embargo, encontraron formas de mezclar sus tradiciones con las de sus captores, lo que dio lugar a la forma única de vudú que aún se practica en Nueva Orleans hoy en día.

Un altar vudú de Luisiana
Greg Willis, CC BY-SA 2.0 <https://creativecommons.org/licenses/by-sa/2.0>, via Wikimedia Commons https://commons.wikimedia.org/wiki/File:Voodoo_Altar_New_Orleans.jpg

A finales del siglo XVIII y principios del XIX, varias personas libres de color de Nueva Orleans empezaron a practicar abiertamente el vudú. Estos practicantes eran a menudo curanderos y líderes espirituales en sus comunidades, y su influencia creció rápidamente. Conservaron muchos aspectos de la religión vudú original, como el uso de objetos rituales y el culto a los espíritus ancestrales. Una de las figuras más conocidas de la historia del vudú de Nueva Orleans es Marie Laveau. Nacida en 1801, Laveau era una mujer libre de color que se convirtió en una renombrada sacerdotisa vudú. Era conocida por sus poderes curativos y su capacidad para comunicarse con los espíritus. Laveau era tan influyente que se decía que tenía el poder de conceder o denegar favores de los políticos de la ciudad.

Tras la Guerra de Secesión, la práctica del vudú comenzó a declinar en Nueva Orleans a medida que muchos afroamericanos se convertían al cristianismo. Sin embargo, su religión nunca se extinguió del todo. A principios del siglo XX, muchos escritores y artistas se interesaron por el vudú, que empezó a aparecer en la cultura popular. Esto condujo a un renacimiento del interés por la religión entre los afroamericanos, y se ha seguido practicando en Nueva Orleans hasta nuestros días.

Una de las características clave del vudú de Nueva Orleans es su énfasis en las relaciones personales con los espíritus. Los practicantes creen que se puede recurrir a los espíritus para que ayuden con todo tipo de problemas, desde cuestiones de salud hasta problemas financieros. También creen en el uso de amuletos, talismanes y hechizos para protegerse a sí mismos y a sus seres queridos de cualquier daño. Otro aspecto importante del vudú de Nueva Orleans es el uso de la música y la danza en las prácticas rituales. Las ceremonias vudú suelen incluir tambores y cánticos. Los participantes pueden entrar en un estado de trance mientras se comunican con los espíritus.

En los últimos años, el vudú de Nueva Orleans se ha enfrentado a las críticas de algunos sectores por su asociación con estereotipos negativos, como la idea del "muñeco vudú" como herramienta de venganza. Sin embargo, los practicantes sostienen que estos estereotipos se basan en una mala comprensión de la religión y sus prácticas. Señalan que el vudú es una religión profundamente espiritual y personal y que ha desempeñado un papel importante en la cultura de Nueva Orleans. Su historia está entrelazada con la de la ciudad y sus tradiciones se han transmitido a través de generaciones de practicantes. Sea usted creyente o escéptico, no se puede negar la influencia única y duradera del vudú de Nueva Orleans en la cultura y la mitología de América.

Hoodoo

El Hoodoo, o *conjuro*, es una práctica espiritual desarrollada entre los afroamericanos del sur de Estados Unidos. Sus raíces se remontan a las prácticas religiosas de África Occidental y Central traídas a América durante el comercio transatlántico de esclavos. El Hoodoo tiene una historia compleja y variada, influenciada por las tradiciones de múltiples grupos étnicos africanos y por la magia popular de los nativos americanos y europeos. Debido a ello, se ha convertido en una práctica espiritual distinta con una mezcla única de creencias, rituales y prácticas.

Se cree que la propia palabra "hoodoo" tiene su origen en el término "hudú" o "joodoo", que se utilizaba para describir una práctica religiosa del África Occidental. Con el tiempo, "hoodoo" se convirtió en un término comodín para designar diversas prácticas espirituales afroamericanas. Durante el periodo *antebellum*, a muchos africanos esclavizados se les prohibió practicar sus religiones tradicionales. Como resultado, adaptaron sus creencias y prácticas para que encajaran en el marco cristiano que les impusieron sus amos. Esto condujo al desarrollo de una forma de hoodoo que incorporaba elementos del cristianismo, incluido el uso de la Biblia y de santos cristianos en hechizos y rituales.

Después de la Guerra Civil, el vudú siguió evolucionando y adaptándose al cambiante paisaje social y cultural del Sur. Se hizo popular entre los afroamericanos rurales y urbanos, y sus prácticas se transmitían a menudo por tradición oral dentro de las familias y las comunidades. Los practicantes del hoodoo, también conocidos como *rootworkers*, a menudo creaban y vendían amuletos, talismanes y otros objetos a los que se atribuían propiedades mágicas. También realizaban hechizos y rituales para clientes que buscaban protección, curación, amor o prosperidad.

Además de sus raíces africanas, las prácticas de los nativos americanos y europeos han influido en el vudú. Por ejemplo, el uso de hierbas y raíces en el vudú se remonta a la práctica de los nativos americanos de utilizar plantas medicinales para la curación. Mientras tanto, la magia popular europea, como el uso de la astrología y la numerología, también se ha incorporado a las prácticas del vudú. A principios del siglo XX, el vudú se ganó la reputación de estar asociado con el mal o la magia oscura. Esto se debió en gran medida a las representaciones negativas en los medios de comunicación y a la asociación de la práctica con la cultura afroamericana, a menudo demonizada por la sociedad mayoritaria.

A pesar de esta percepción negativa, el hoodoo siguió prosperando en las comunidades afroamericanas. A mediados del siglo XX, el vudú se hizo cada vez más popular entre los practicantes blancos, sobre todo en el contexto del renacimiento de la música folk estadounidense. Esto también condujo a un renovado interés por el hoodoo entre los afroamericanos, y la práctica experimentó un renacimiento durante el Movimiento por los Derechos Civiles. El hoodoo sigue siendo una práctica espiritual vibrante y en evolución con practicantes en todo el mundo. Aunque muchos aspectos de la práctica han cambiado con el tiempo, sus creencias y valores fundamentales siguen arraigados en la experiencia y la cultura afroamericanas. Para los practicantes del vudú, la libertad se encuentra en la capacidad de conectar con sus antepasados, los espíritus y lo divino y crear un mundo mejor para ellos y sus comunidades.

Las tres prácticas, el vudú haitiano, el vudú de Nueva Orleans y el hoodoo, se han enfrentado a la persecución y la tergiversación a lo largo de la historia. A menudo se las consideraba peligrosas y eran reprimidas por las autoridades. Sin embargo, han perdurado y evolucionado, adaptándose a las nuevas circunstancias e incorporando nuevas influencias. Hoy en día, siguen siendo practicadas por personas de todo el mundo que buscan una conexión con sus antepasados, protección frente a los espíritus y curación para sus comunidades. La evolución de estas prácticas es un testimonio de la resistencia de la espiritualidad africana y de la importancia de preservar las tradiciones culturales. Al conocer estas prácticas y comprender sus contextos históricos y culturales, podrá apreciar mejor la diversidad y riqueza de las prácticas espirituales africanas y las experiencias de los afrodescendientes en América.

Similitudes y diferencias

A medida que explore el mundo de las religiones afrocaribeñas, es importante que comprenda las similitudes y diferencias entre tres prácticas distintas: El vudú haitiano, el vudú de Nueva Orleans y el hudú. Aunque comparten una historia y una ascendencia comunes, cada una tiene su identidad y sus creencias únicas. En primer lugar, las similitudes. Las tres prácticas son el resultado del sincretismo cultural entre las tradiciones africanas y europeas que se produjo durante la trata transatlántica de esclavos. Todas se practican en América y son una mezcla de creencias espirituales del África Occidental, de los nativos americanos y de Europa. Los practicantes de las tres prácticas creen en el poder de la veneración de los antepasados, la adivinación y el uso de elementos naturales para efectuar cambios en sus vidas. Las tres también reconocen la importancia de los espíritus, las deidades y el mundo invisible. El vudú haitiano, el vudú de Nueva Orleans y el hudú utilizan hierbas, raíces y otros elementos naturales para elaborar medicinas, amuletos y pociones. Cada práctica implica también el uso de talismanes, amuletos y baños espirituales.

Ahora bien, ¿cuáles son las diferencias? El vudú haitiano es una religión afro haitiana que surgió en Haití durante el siglo XVIII. El vudú de Nueva Orleans es una forma desarrollada originalmente en el sur de Estados Unidos, sobre todo en Nueva Orleans. Tiene sus raíces en el vudú haitiano, pero también incorpora elementos del catolicismo y de la espiritualidad de los nativos americanos. El vudú de Nueva Orleans también implica ceremonias y rituales, pero suelen ser menos formales que los del vudú haitiano. Hace mucho hincapié en la veneración de los antepasados y en el uso de talismanes, como las bolsas de gris-gris, para protegerse del mal o atraer la buena suerte. Los practicantes de hudú suelen incorporar elementos cristianos a su práctica, como el uso de salmos y oraciones en sus hechizos y rituales. También hacen mucho hincapié en el trabajo de raíces, que consiste en utilizar hierbas, minerales y otros elementos naturales para crear amuletos y pociones con diversos fines.

Respete estas prácticas

Para acercarse al vudú y al hudú con el respeto que merecen, es importante reconocer su significado espiritual y las tradiciones culturales que los sustentan. Esto requiere una apertura al aprendizaje y una voluntad de comprometerse con las prácticas de forma reflexiva y respetuosa. Un aspecto importante de esto es reconocer la importancia de la iniciación formal en el vudú y el hudú. La iniciación es un proceso por el cual una persona es formalmente acogida en una comunidad de practicantes y se le da acceso a los conocimientos y prácticas espirituales de esa comunidad.

En el vudú, la iniciación implica normalmente someterse a una serie de rituales y ceremonias, que incluyen ofrendas a los espíritus y la realización de adivinaciones. El objetivo de la iniciación es establecer una relación entre el practicante y los espíritus y obtener una comprensión más profunda del significado espiritual del vudú. Del mismo modo, en el Hoodoo, la iniciación implica la transmisión de conocimientos y prácticas de generación en generación. Esto puede implicar aprender de un miembro de la familia o de otro practicante experimentado y puede suponer someterse a rituales o ceremonias específicas para marcar la transición hacia la plena pertenencia a la comunidad Hoodoo. La iniciación es esencial tanto en el vudú como en el hudú porque permite a los practicantes comprometerse plenamente con el significado espiritual de estas prácticas y comprender los significados más profundos que se esconden tras los rituales y ceremonias que realizan.

Otro aspecto importante de acercarse respetuosamente al vudú y al hudú es evitar blanquear o apropiarse de estas prácticas. Esto significa reconocer y honrar las tradiciones culturales que las sustentan y no intentar despojarlas de sus raíces africanas. Por ejemplo, en Estados Unidos, los practicantes blancos del hudú y el vudú llevan mucho tiempo apropiándose de estas prácticas e intentando borrar sus raíces africanas. Esto puede adoptar muchas formas, desde afirmar tener acceso a conocimientos secretos o poderes espirituales hasta cooptar símbolos y prácticas de otras culturas y presentarlos como propios. Para evitar este tipo de apropiación, es importante acercarse al vudú y al hudú con humildad y la voluntad de aprender de quienes han practicado estas tradiciones durante generaciones. Esto puede implicar buscar a practicantes experimentados y aprender de ellos o dedicarse a una investigación seria para comprender mejor las tradiciones culturales que sustentan estas prácticas.

Una advertencia

Es importante acercarse a la práctica del vudú y el hudú con gran respeto y precaución. Estas tradiciones sagradas se han transmitido de generación en generación y es esencial comprender su significado y su poder antes de intentar dedicarse a ellas. Uno de los peligros más significativos de acercarse al vudú o al hudú sin el conocimiento o la orientación adecuados es el riesgo de invocar a los espíritus de forma inapropiada o irrespetuosa. Estos espíritus no deben tomarse a la ligera ni utilizarse en beneficio propio, e invocarlos sin la preparación y la intención adecuadas puede tener graves consecuencias. Es habitual que quienes intentan practicar el vudú o el hudú sin los conocimientos adecuados experimenten resultados negativos, o incluso peligrosos.

En muchas tradiciones espirituales, el acto de invocar a los espíritus se considera una práctica poderosa y potencialmente peligrosa. En el vudú y el hudú, esto no es una excepción. De hecho, es de suma importancia que cualquiera que busque trabajar con espíritus en estas tradiciones aborde la práctica con respeto, precaución y la orientación adecuada. Uno de los principales riesgos de invocar a los espíritus sin la iniciación o la orientación adecuadas es la posibilidad de causar daños a uno mismo o a los demás. Los espíritus pueden ser entidades poderosas con sus propias agendas y no siempre son benévolos o útiles. Si alguien intenta trabajar con un espíritu sin el conocimiento o la orientación adecuados, puede invitar inadvertidamente a una entidad maligna u ofender involuntariamente a uno de los espíritus, lo que puede acarrear consecuencias negativas como enfermedad, mala suerte o incluso daños físicos.

Otro riesgo de trabajar con espíritus sin la iniciación o la orientación adecuadas es la posibilidad de que el practicante se desequilibre o se vuelva inestable. En el vudú y el hudú se hace mucho hincapié en el equilibrio espiritual y emocional, y esto puede ser difícil de conseguir sin la orientación adecuada. Intentar trabajar con espíritus por cuenta propia puede hacer que el practicante se centre demasiado en el ámbito espiritual en detrimento de su bienestar físico y emocional. Además, cuando alguien trabaja con espíritus sin la iniciación o la orientación adecuadas, corre el riesgo de ofender a los espíritus o a la comunidad de practicantes. El vudú y el hudú no son prácticas espirituales casuales. Están profundamente arraigadas en contextos culturales e históricos específicos y quienes las practican se las toman muy en serio. Participar en la práctica sin el debido respeto o reverencia puede considerarse una falta de respeto o una apropiación; esto podría acarrear consecuencias negativas tanto en el ámbito espiritual como en la comunidad en general.

Ha habido muchos casos a lo largo de la historia de individuos que han intentado invocar espíritus sin la orientación o la iniciación adecuadas, con resultados desastrosos. En algunos casos, entidades malévolas han poseído a los practicantes, provocándoles daños físicos o la muerte. En otros, los individuos han ofendido involuntariamente a espíritus poderosos, resultando en desgracias o enfermedades a largo plazo. En algunos casos, los individuos que han intentado practicar el vudú o el hudú sin el debido respeto se han encontrado con la reacción violenta de la comunidad de practicantes en general, lo que les ha llevado al ostracismo o incluso a ser objeto de violencia.

Por eso se desaconseja encarecidamente invocar a cualquier espíritu o intentar hechizos y rituales por lo que haya oído. En su lugar, se recomienda buscar la orientación de un practicante experimentado o realizar una investigación seria antes de practicar estas tradiciones de forma independiente. Un practicante experimentado puede proporcionarle una valiosa orientación para abordar estas prácticas de forma respetuosa. También pueden guiarle en la búsqueda de un maestro o mentor adecuado que pueda proporcionarle más orientación sobre la participación segura en estas tradiciones. Además, leer libros o asistir a clases y talleres puede proporcionar una base de conocimiento y comprensión antes de intentar practicar.

Es esencial comprender que no se trata de meros trucos de salón o de entretenimiento. El vudú y el hudú son prácticas espirituales serias con una rica historia cultural y profundas raíces en la espiritualidad africana. No deben tomarse a la ligera ni tratarse como una forma de entretenimiento. La mejor manera de acercarse a estas prácticas es con humildad y voluntad de aprender. Es esencial comprender el contexto cultural del vudú y el hudú y acercarse a ellos con una mente abierta y un profundo respeto por las tradiciones y los espíritus implicados. También es importante tener en cuenta que en muchas tradiciones vudú y hudú se recomienda la iniciación formal. La iniciación implica un proceso de desarrollo espiritual, en el que se le enseña la forma adecuada de acercarse a los espíritus y cómo utilizarlos de forma respetuosa y responsable. No es un proceso que deba tomarse a la ligera, ya que implica un compromiso con la tradición y con los propios espíritus.

Capítulo Dos: Bondye y el mundo

El concepto de un ser supremo es fundamental en muchas tradiciones religiosas y espirituales, y el vudú haitiano, el vudú de Nueva Orleans y el hudú no son una excepción. En estas prácticas, el ser supremo se conoce como Bondye, una deidad a la vez misteriosa y poderosa que es la creadora del universo y de toda la vida que hay en él.

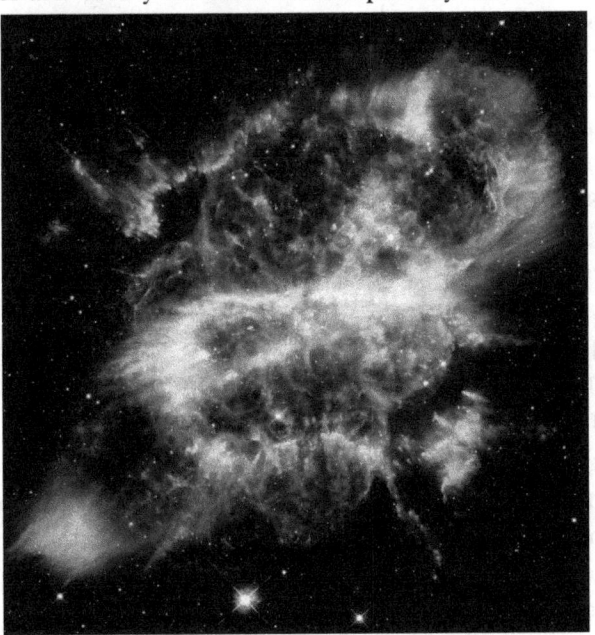

Bondye es el ser supremo que creó el universo
https://commons.wikimedia.org/wiki/File:The_Complexity_of_a_Nebula_-_NGC_5189_(27747553890).jpg

Sobre Bondye

A menudo se describe a Bondye como un ser más allá de la comprensión humana, que existe en un reino más allá de nuestro entendimiento. Su nombre deriva de la frase francesa "Bon Dieu", que significa "Dios bueno". Este nombre es significativo porque enfatiza la naturaleza benévola de Bondye y lo distingue de otros espíritus que pueden ser más traviesos o malévolos por naturaleza. Bondye representa un elemento clave del vudú haitiano, el vudú de Nueva Orleans y el hudú y sirve como poderoso recordatorio de los misterios y maravillas del mundo natural y de nuestro lugar en él. Bondye se asocia a menudo con el color blanco, que representa la pureza y la trascendencia. Algunos practicantes creen que es el mismo que el Dios cristiano, mientras que otros lo ven como una deidad distinta con sus propias características y cualidades.

Según el vudú haitiano, Bondye fue el creador del universo y de toda la vida que hay en él. Es responsable de los ciclos de la vida y la muerte y se dice que está presente en todos los aspectos del mundo natural. Se dice que los Lwa, o espíritus, son intermediarios entre Bondye y el mundo físico, permitiendo a los humanos comunicarse con lo divino. A diferencia de los Lwa, que se cree que son espíritus de antepasados fallecidos y otros seres, Bondye es visto como una fuerza puramente divina e inmutable. A menudo se le asocia con la creación, el orden y la estabilidad, mientras que a los Lwa se les asocia con el cambio, el caos y la transformación. El vudú y el hudú de Nueva Orleans también reconocen a Bondye como el Ser Supremo, pero sus creencias y prácticas pueden diferir en algunos aspectos de las del vudú haitiano. Por ejemplo, en el Hoodoo, Bondye se considera a menudo menos central en la práctica que en el Vudú haitiano, y se hace más hincapié en el uso de hierbas, raíces y otros materiales naturales para hacer magia e influir en el mundo en el que se vive.

A pesar de estas diferencias, el concepto de Bondye como Ser Supremo sigue siendo una parte central de las tres tradiciones. Bondye es visto como una deidad poderosa y benevolente que posee la clave de los misterios del universo y de los ciclos de vida y muerte que rigen este mundo. En muchos sentidos, se le puede considerar un símbolo de esperanza y trascendencia, que ofrece a los practicantes del vudú haitiano, el vudú de Nueva Orleans y el hudú una forma de conectar con algo más grande que ellos mismos y encontrar sentido y propósito en un mundo que a menudo parece caótico e impredecible.

Al mismo tiempo, sin embargo, es importante reconocer las limitaciones de nuestra comprensión de Bondye y de los reinos espirituales que habita. Aunque los Lwa pueden proporcionar un medio de comunicación entre la humanidad y lo divino, no son infalibles, y siempre es importante acercarse a las prácticas espirituales con respeto y precaución, buscando la guía de practicantes experimentados y realizando su propia investigación para profundizar en su comprensión de estas complejas y poderosas tradiciones.

Cómo Bondye creó el mundo

La creación del mundo es un tema central en las creencias de muchas prácticas espirituales, y el vudú haitiano, el vudú de Nueva Orleans y el hudú no son una excepción. En el centro de estas prácticas está la creencia en un ser supremo, Bondye, al que se atribuye la creación del mundo y de todo lo que hay en él. En el vudú haitiano, se cree que Bondye creó el mundo a través de un proceso que implicó separar la tierra del cielo y crear a los primeros humanos a partir de arcilla. Según el vudú haitiano, el mundo fue creado en siete días, y cada día representa un aspecto diferente de la creación. El primer día se dedicó a la creación de los cielos, seguido de la creación de la tierra, el mar, el sol, la luna, los animales y, por último, los humanos. Este proceso de creación se considera un reflejo del poder y la creatividad de Bondye, además de simbolizar su relación continua con el mundo y sus habitantes.

La historia de la creación es ligeramente diferente en el vudú de Nueva Orleans, pero los temas básicos siguen siendo los mismos. Según el vudú de Nueva Orleans, Bondye creó el mundo mediante un proceso de división, creando el mundo físico a partir de una única fuente de energía. Este proceso de división se considera un reflejo del poder y la creatividad de Bondye y un símbolo de su relación permanente con el mundo y sus habitantes.

El Hoodoo, por otro lado, no tiene una historia de creación específica. Más bien, los practicantes de Hoodoo creen que el mundo fue creado por una combinación de fuerzas naturales y energías espirituales, con Bondye como fuente última de estas energías. Esta creencia en una combinación de energías naturales y espirituales refleja las raíces del Hoodoo en las religiones tradicionales africanas, que a menudo ven los mundos natural y espiritual como interconectados e interdependientes.

A pesar de las diferencias en sus historias de la creación, las tres prácticas hacen hincapié en el papel central de Bondye en la creación del mundo y en la relación continua entre lo divino y el mundo físico. Esta relación se considera una parte esencial de la vida espiritual, y los practicantes a menudo tratan de profundizar su conexión con Bondye a través de la oración, la meditación y la práctica ritual. Cabe señalar que las historias de la creación de estas prácticas no deben tomarse literalmente, sino más bien como representaciones simbólicas de la relación entre lo divino y el mundo físico. Como ocurre con muchas otras prácticas espirituales, la creencia no se centra en los detalles de la historia de la creación en sí, sino en el significado y el simbolismo más profundos que se esconden tras ella.

El vudú haitiano y Bondye

Como Ser Supremo, Bondye desempeña un papel fundamental en el vudú haitiano. A diferencia de los Lwa (o Loa), que se consideran más accesibles y pueden invocarse mediante rituales y oraciones, Bondye suele considerarse demasiado distante para que los seres humanos puedan contactar directamente con él. Es una figura remota y poderosa y no se le suele venerar del mismo modo que a los Lwa. En su lugar, los practicantes del vudú haitiano ven a Bondye como un observador distante del mundo cuyo poder se hace sentir a través de sus creaciones, incluidos los Lwa y el mundo natural.

En el vudú haitiano, la relación entre los humanos y lo divino está mediada a través de los Lwa, que son vistos como la fuerza más activa del universo. Aunque se puede invocar a los Lwa para fines específicos como la curación, la protección o la prosperidad, Bondye es visto como la fuente de todos estos poderes. Por ello, su influencia se deja sentir a través de los Lwa y sus acciones en el mundo.

La importancia de Bondye en el vudú haitiano también se refleja en las prácticas y rituales de la religión. A menudo se invoca a Bondye al principio y al final de las ceremonias Vudú, y su nombre se utiliza a menudo en las bendiciones y oraciones. Sin embargo, dado que se le considera demasiado remoto como para contactar directamente con él, no suele ser el centro del culto Vudú. En su lugar, los Lwa son el foco principal de la mayoría de las ceremonias, y es a través de su presencia como se siente el poder de Bondye. Uno de los aspectos más importantes del papel de Bondye en el vudú haitiano es la creencia de que es la fuente de toda la vida y del universo. Esta historia se cuenta a menudo en las ceremonias del vudú haitiano y es fundamental para las creencias de la religión. Enfatiza la interconexión de todas las cosas y la idea de que todo en el mundo está conectado con Bondye, la fuente última de poder y creación.

El vudú de Nueva Orleans y Bondye

En el vudú de Nueva Orleans, Bondye también es reconocido como el Ser Supremo, pero su papel es ligeramente diferente de cómo se le ve en el vudú haitiano. La influencia del catolicismo y el contexto cultural de Nueva Orleans han contribuido al desarrollo de una forma única de vudú que hace hincapié en la intercesión de santos y espíritus, además de en la forma en que los practicantes ven a Bondye. En el vudú de Nueva Orleans, a menudo se hace referencia a Bondye como "Gran Met" o "Gran Maestro" y se le considera el creador del universo y de todos los seres vivos. Al igual que en el vudú haitiano, se cree en una cosmología dualista, en la que el mundo material y el espiritual existen simultáneamente, pero por separado. Bondye es visto como la fuente de toda creación y a menudo se le representa como una fuerza distante y poderosa. La comunicación con él se realiza a través de intermediarios como espíritus y santos.

Sin embargo, a diferencia del vudú haitiano, en el vudú de Nueva Orleans se suele considerar que los espíritus o "Lwa" tienen una influencia y un poder más directos sobre la vida cotidiana. Esto se debe en parte a la influencia cultural de Luisiana, que tiene una historia de prácticas folclóricas y sincretismo entre el catolicismo y las tradiciones espirituales africanas. En el vudú de Nueva Orleans, se considera que los espíritus tienen la capacidad de intervenir en los asuntos humanos y proporcionar ayuda o protección, y a menudo son el centro de la veneración y las prácticas rituales. Al incorporar el catolicismo, el vudú de Nueva Orleans también reconoce la importancia de los santos en el ámbito espiritual, y muchos practicantes invocarán a santos católicos junto a los espíritus del vudú. Este enfoque sincrético se refleja también en el uso de iconografía católica en los rituales vudú y en la inclusión de elementos como velas e incienso en las prácticas vudú.

Hoodoo y Bondye

En la tradición del Hoodoo, el papel de Bondye es algo diferente de cómo se le ve en el Vudú haitiano y de Nueva Orleans. Bondye es visto como el creador último y la fuente de todo poder espiritual, pero no suele ser adorado o invocado directamente en las prácticas Hoodoo. En su lugar, los practicantes de Hoodoo suelen centrarse en trabajar con espíritus individuales y fuerzas espirituales para lograr los resultados deseados.

Bondye sigue desempeñando un papel importante en el Hoodoo como fuente última de todo poder espiritual. Muchos practicantes de Hoodoo creen que todos los espíritus y fuerzas espirituales están en última instancia bajo el control de Bondye y pueden ser invocados a través del poder de su nombre. En algunas tradiciones Hoodoo, el nombre "Bon Dieu" (que significa "Dios bueno" en francés, un legado de las raíces criollas del Hoodoo) se utiliza como término general para cualquier fuerza divina o espiritual a la que se puede pedir ayuda.

Una de las diferencias clave entre el Hoodoo y las tradiciones Vudú es que el Hoodoo no suele implicar una iniciación formal o la pertenencia a una comunidad religiosa específica. En su lugar, el Hoodoo suele transmitirse de padres a hijos o adquirirse a través del estudio y la práctica personales. Como resultado, dependiendo de sus creencias y experiencias personales, los practicantes individuales pueden tener diferentes puntos de vista sobre el papel de Bondye y otras fuerzas espirituales en su práctica. Sin embargo, a pesar de estas diferencias, muchos practicantes de Hoodoo siguen respetando profundamente a Bondye como fuente última de todo poder espiritual. Puede que utilicen su nombre en oraciones o invocaciones o que busquen alinearse con su voluntad divina en su trabajo mágico. En definitiva, el papel de Bondye en el Hoodoo es complejo y polifacético, y refleja las diversas creencias y prácticas espirituales de esta singular tradición popular afroamericana.

Sobre el Lwa

En primer lugar, es esencial comprender que los Lwa no son dioses en el sentido tradicional. No son omnipotentes, omnipresentes ni omniscientes. En su lugar, son seres con personalidades únicas y áreas específicas de especialización. Cada Lwa tiene su propia historia, mitología y habilidades. Algunos están asociados a lugares concretos, mientras que otros están relacionados con aspectos específicos de la vida, como el amor, la salud o la riqueza. Se cree que los Lwa son entidades espirituales poderosas que pueden proporcionar guía, protección y bendiciones a quienes les rinden culto.

La relación entre Bondye y los Lwa es compleja. Bondye es considerado el Ser Supremo, el creador del universo y la fuente de toda vida. Los Lwa, por su parte, son vistos como intermediarios, tendiendo un puente entre el mundo físico y el espiritual. Se cree que son los espíritus de aquellos que han fallecido y ahora forman parte del reino espiritual. Algunos creen que los Lwa eran originalmente humanos que alcanzaron un estado espiritual superior tras la muerte y fueron elevados a una posición de influencia divina. Otros creen que los Lwa son espíritus independientes que siempre han existido y que simplemente fueron reconocidos e incorporados a las prácticas vudú con el paso del tiempo. En cualquiera de los casos, se cree que Bondye otorgó a los Lwa su poder y autoridad para interactuar con los humanos y afectar al mundo físico. Los detalles exactos de cómo fueron creados los Lwa y por quién varían entre las diferentes tradiciones e interpretaciones del Vudú.

Los Lwa trabajan con Bondye para proporcionar guía espiritual y bendiciones a los practicantes. En el vudú haitiano y en el vudú de Nueva Orleans, los Lwa son invocados a través de rituales y ceremonias que incluyen música, danza y ofrendas. Los practicantes suelen hacer ofrendas a los Lwa, como comida, alcohol o flores, para establecer una relación y ganarse su favor. Se cree que los Lwa sienten una especial predilección por determinados tipos de ofrendas y que es más probable que proporcionen bendiciones cuando se les presentan sus regalos preferidos.

En el Hoodoo, la relación entre los Lwa y los practicantes es menos formal. Aunque los Lwa siguen siendo considerados espíritus poderosos, los practicantes de Hoodoo no pueden realizar ceremonias formales ni hacerles ofrendas. En su lugar, pueden invocar a los Lwa en hechizos o rituales para que les proporcionen guía o protección. Los practicantes de Hoodoo también pueden trabajar con otros espíritus, como antepasados o ángeles de la guarda, además de los Lwa.

Es importante tener en cuenta que los Lwa no son todopoderosos. No pueden conceder todas las peticiones y puede que no siempre respondan a las plegarias de la forma que esperan los practicantes.

Aunque se cree que los Lwa tienen el poder de influir en el mundo físico, también están sujetos a las leyes de la naturaleza y a la voluntad de Bondye. Algunos practicantes pueden asumir erróneamente que los Lwa son omnipotentes, lo que les lleva a la decepción o desilusión cuando sus plegarias no son respondidas como esperaban.

Además, los Lwa son a menudo malinterpretados como dioses o demonios por quienes no están familiarizados con el vudú haitiano, el vudú de Nueva Orleans y el hudú. Esta idea errónea puede deberse en parte a las poderosas habilidades de los Lwas y a sus personalidades únicas. Algunos Lwa están asociados a aspectos más oscuros de la vida, como la muerte o la enfermedad, lo que puede contribuir a la idea de que son seres malévolos. Sin embargo, se trata de una interpretación errónea de su papel en estas prácticas. Los Lwa no son venerados del mismo modo que los dioses o los demonios y no se les considera fundamentalmente diferentes de los seres humanos. Por el contrario, se les considera parte del reino espiritual, al igual que los antepasados y los ángeles de la guarda.

Por favor, no intente ir directamente a Bondye. Bondye se considera demasiado poderoso y remoto para que la mayoría de los humanos puedan comunicarse de forma efectiva, lo que dificulta, si no imposibilita, la comunicación directa. No tome esto como que el buen Dios no se preocupa por usted y sus asuntos. Lo hace, y por eso ha enviado intermediarios para que ustedes puedan comunicarse a través de ellos. Además, intentar invocarle sería una falta de respeto a todas las prácticas vudú. Si considera que su problema es tan urgente que solo Bondye puede ayudarle, se recomienda que busque la orientación de un practicante experimentado de Vudú, que pueda ayudarle a comunicarse con lo divino de forma segura y eficaz. Esto puede implicar una purificación ritual, ofrendas a los Lwa y la guía de un intermediario experimentado en la comunicación con lo divino.

Capítulo Tres: Los aliados del vudú: Los Lwa y los antepasados

Los Lwa, son espíritus que desempeñan un papel importante en la religión diaspórica africana del vudú. En el vudú haitiano, los Lwa están organizados en siete "nanchons" o "naciones", cada una con sus propias características, símbolos y rituales. Comprender la naturaleza de cada nanchon es importante para los practicantes de vudú, ya que orienta la selección de las ofrendas, canciones y danzas apropiadas para invocar a los Lwa. En el vudú de Nueva Orleans, solo hay tres nanchons: Los nanchons Rada, Petro y Gede. En cuanto al Hoodoo, no se hace mucho hincapié en las clasificaciones de estos espíritus.

Los Lwa o Loa son espíritus que desempeñan un papel importante en el vudú
*Jeremy Burgin, CC BY 2.0 <https://creativecommons.org/licenses/by/2.0>, via Wikimedia Commons
https://upload.wikimedia.org/wikipedia/commons/7/79/Voodoo_altar_in_Tropenmuseum.jpg*

Los Nanchons del Vudú haitiano

La Rada Lwa El primer nanchon es Rada, también conocido como Radha. Los Rada Lwa se consideran los más antiguos de las siete naciones de Lwa y están asociados con los espíritus del pueblo Fon de Dahomey. Sus tradiciones hacen hincapié en la armonía, la paz y la curación. A menudo se recurre a los rada Lwa para resolver conflictos, curar enfermedades y traer prosperidad a sus seguidores. Los símbolos asociados a los Rada Lwa son generalmente redondos y simétricos, y sus velos incluyen a menudo círculos y líneas entrecruzadas. A menudo se invoca a los Rada Lwa a través de tambores y danzas, así como mediante el uso de remedios herbales específicos y baños espirituales. Los seguidores de la tradición rada también pueden ofrecer regalos y sacrificios a los Lwa, como comida, bebida y sacrificios de animales.

El Petro Lwa: El segundo nanchon es Petro, también conocido como Pethro o Petwo. Estas entidades feroces y ardientes tienen fama de ser de las más peligrosas e impredecibles de la religión vudú. Los Petro Lwa están asociados a los espíritus de la Revolución haitiana y sus tradiciones hacen hincapié en el poder, la resistencia y la revolución. A menudo se recurre a estos espíritus para que ayuden a sus seguidores a luchar contra la opresión y la injusticia, y son conocidos por su capacidad para desatar poderosas fuerzas de destrucción contra sus enemigos. Los símbolos asociados a los Petro Lwa son generalmente dentados y asimétricos, y sus vetas incluyen a menudo zig-zags y ángulos agudos.

Los espíritus de esta nación también son conocidos por su asociación con el fuego y la sangre. Se cree que estas poderosas fuerzas son la clave para liberar todo el potencial de los Petro Lwa, y muchos de sus rituales implican el uso del fuego y la sangre para activar sus poderes. Sin embargo, el poder de los Petro Lwa no está exento de riesgos. Estos espíritus son conocidos por su naturaleza volátil e impredecible, y no se debe jugar con ellos. Quienes deseen trabajar con los Petro Lwa deben acercarse con cautela y respeto y estar preparados para afrontar las consecuencias de sus actos.

Además, los Petro Lwa son a menudo malinterpretados y difamados por quienes no pertenecen a la comunidad Vudú. A veces se les asocia con la magia negra y las fuerzas del mal, y sus seguidores suelen ser demonizados y perseguidos. Se trata de un trágico malentendido de la verdadera naturaleza de los Petro Lwa, y pone de relieve la importancia de la educación y la comprensión cuando se trata de la religión Vudú.

Los Nago Lwa: La nación Nago Lwa es un grupo de espíritus profundamente arraigados en la religión africana yoruba. Son conocidos por sus cualidades feroces y guerreras. A menudo se les pide ayuda en asuntos relacionados con la protección, la justicia y la fuerza. Se dice que los nago Lwa poseen un conocimiento profundo e íntimo de los secretos del universo y que poseen las claves para desvelar los misterios de la vida y la muerte. Los velos asociados a este nanchon de Lwa son intrincados y complejos, a menudo presentan patrones de líneas entrelazadas y formas geométricas. Se cree que estos símbolos representan la naturaleza compleja y entrelazada del universo y la interconexión de todos los seres vivos.

En la tradición vudú, los Nago Lwa se asocian con el color rojo, que se dice que representa su naturaleza ardiente y apasionada. A menudo se les representa con armas o símbolos de guerra, como lanzas o espadas, y son conocidos por su naturaleza feroz e intransigente. Sin embargo, a pesar de sus cualidades guerreras, estos Lwa también son profundamente compasivos y bondadosos. Conocidos por su capacidad para curar, tanto física como espiritualmente, a menudo son llamados para ayudar a aquellos que sufren una enfermedad específica o angustia emocional. Los Lwa también están asociados con el elemento del fuego, que se considera una fuerza purificadora y transformadora. Se dice que tienen el poder de quemar las energías negativas y ayudar a quienes buscan orientación a resurgir de las cenizas de su pasado y renacer de nuevo.

Acercarse a las Nago Lwa es entrar en un mundo de misterio y poder, donde las fronteras entre los reinos físico y espiritual se difuminan y disuelven. Aquellos que busquen su guía deben hacerlo con respeto y reverencia, pues con los Nago Lwa no se juega. A pesar de su temible reputación, los Nago Lwa están profundamente comprometidos a ayudar a aquellos que buscan su guía. Son conocidos por su feroz lealtad y su inquebrantable dedicación a sus seguidores y harán todo lo posible para asegurarse de que aquellos que buscan su ayuda estén protegidos y reciban apoyo.

Los kongo Lwa: El nanchon Kongo de Lwa es una fuerza poderosa en el mundo del vudú. Sus tradiciones están profundamente arraigadas en la cultura y la historia del pueblo del Kongo llevado a Haití como esclavos. Los Lwa del Kongo están asociados con los espíritus del pueblo Kongo, y sus tradiciones hacen hincapié en la fuerza, el coraje y la resistencia. A menudo se les pide que ayuden a sus seguidores a superar los obstáculos y a encontrar el éxito en circunstancias difíciles.

Los Kongo Lwa están organizados en cuatro familias o grupos: Lemba, Simbi, Mayisi y Ti-Jean Petro. Cada familia tiene su propio conjunto de espíritus y tradiciones, pero todas están unidas por un profundo sentimiento de orgullo y una feroz devoción hacia sus seguidores. La familia Lemba es quizá la más conocida de los nanchon kongo. Están asociados con los espíritus de la corte real del reino kongo, y sus tradiciones hacen hincapié en la justicia, el orden y la estabilidad. A menudo se recurre a los Lemba Lwa para que ayuden a resolver disputas y traigan la paz a sus seguidores. Sus velos son a menudo muy detallados e intrincados, presentando complejos patrones geométricos y formas entrelazadas.

La familia Simbi está asociada con los espíritus del agua, y sus tradiciones hacen hincapié en la curación y la transformación. A menudo se recurre a los Simbi Lwa para que ayuden a curar dolencias físicas y emocionales y para que provoquen cambios positivos en la vida de sus seguidores. Sus velos presentan a menudo imágenes de serpientes y otras criaturas acuáticas, así como líneas y curvas fluidas. Los Mayisi están asociados con los espíritus del bosque y sus tradiciones hacen hincapié en la protección y la fuerza. A menudo se recurre a los Mayisi Lwa para que ayuden a sus seguidores a superar obstáculos y a defenderse de cualquier daño. Sus velos presentan a menudo imágenes de árboles, animales y otros símbolos del bosque.

Por último, la familia Ti-Jean Petro está asociada con los espíritus de la Tierra, y sus tradiciones hacen hincapié en el poder y la transformación. A menudo se recurre a los Ti-Jean Petro Lwa para que ayuden a sus seguidores a alcanzar sus objetivos y superar sus miedos. Sus velos suelen ser muy audaces y dramáticos, con poderosas imágenes de fuego y tierra.

Los Djouba Lwa: El quinto nanchon es Djouba, que se asocia con los espíritus del pueblo mandinga de África Occidental. Los Djouba Lwa son conocidos por su energía y vitalidad, y a menudo se recurre a ellos para que ayuden con la fertilidad, la creatividad y la inspiración. Los Djouba Lwa también están asociados con el poder del sol y a veces se les invoca para que aporten luz y calor a sus seguidores. Los símbolos asociados a los Djouba Lwa incluyen a menudo círculos, espirales y girasoles.

Los Djouba nanchon de Lwa, una fuerza poderosa y enigmática dentro de la religión vudú, encarnan una compleja red de influencias y tradiciones que abarcan tanto el tiempo como el espacio.

Pero a pesar de su naturaleza esquiva y a menudo de otro mundo, los Djouba siguen siendo una parte esencial de la práctica del vudú, venerados por su capacidad para atraer la prosperidad, la buena suerte y la curación a quienes los invocan. Uno de los símbolos más poderosos asociados a los Djouba nanchon es la encrucijada, que representa la intersección de mundos diferentes y la posibilidad de nuevos comienzos. Se cree que los Djouba Lwa habitan en la encrucijada, guiando y protegiendo a quienes buscan su ayuda.

Pero los Djouba no son simples guardianes pasivos de la encrucijada. También son agentes activos de cambio y transformación, capaces de provocar cambios profundos en la vida de sus seguidores. A través de sus rituales y ofrendas, los Djouba pueden curar enfermedades, atraer la buena fortuna e incluso ayudar a encontrar el amor. Sin embargo, a pesar de sus muchos dones y poderes, los Djouba nanchon siguen siendo un misterio para muchos forasteros, su verdadera naturaleza y significado solo los conocen aquellos que se han ganado su confianza y respeto. Para los no iniciados, los Djouba pueden parecer caprichosos e imprevisibles, y sus acciones y deseos difíciles de comprender.

Sin embargo, para aquellos que han experimentado el poder transformador de los Djouba, no hay duda de que estos Lwa son una fuerza a tener en cuenta como agentes de cambio y transformación que tienen la llave para abrir nuevas posibilidades y potencial. En muchos sentidos, los Djouba nanchon encarnan el espíritu del propio vudú, una tradición compleja y dinámica que se nutre de la sabiduría y los conocimientos de muchas culturas y tradiciones diferentes. Como los propios Lwa, el vudú es una fuerza que trasciende las fronteras, conectando a la gente a través del tiempo y el espacio y ayudándoles a sortear los retos y las oportunidades de la vida.

Los Lwa ibo El sexto nanchon es el Ibo, que se asocia con los espíritus del pueblo igbo de Nigeria. Los Ibo Lwa son conocidos por su capacidad para comunicarse con el reino espiritual, y a menudo se recurre a ellos para que ayuden en la adivinación y la profecía. Los Ibo Lwa también están asociados con el poder del viento, y a veces se les invoca para traer el cambio y la transformación.

Los Ibo Lwa son conocidos por su profunda conexión con la naturaleza, inspirándose en la tierra, el cielo y los espíritus que habitan en ellos. Son fieros protectores de sus seguidores, protegiéndoles del mal y guiándoles hacia el camino de la rectitud. Sus velos son intrincados y complejos, representando el intrincado equilibrio entre el mundo natural y el reino espiritual. A menudo se recurre a los Ibo Lwa para asuntos relacionados con la justicia y la moralidad, y ocupan un lugar especial en los corazones de aquellos que buscan orientación en tiempos difíciles.

Pero su poder no viene sin sacrificios. El pueblo ibo se ha enfrentado a innumerables dificultades a lo largo de su historia, desde los horrores de la esclavitud hasta la brutal colonización de su tierra. Y sin embargo, a pesar de todo, han perseverado, aferrándose a sus tradiciones y a su conexión con los espíritus que les guían. Los ibo Lwa reflejan esta perseverancia, encarnando la fuerza y la determinación de su pueblo. Sus rituales están impregnados de tradición, cada uno cuidadosamente elaborado para honrar a los espíritus e invocar su poder. Los ritmos de los tambores y el vaivén de las bailarinas sirven de conducto, canalizando la energía de los espíritus y trayéndola al mundo.

Los ibo Lwa también están asociados con el poder del conocimiento y la educación. Entienden que el verdadero poder no solo proviene de la fuerza física, sino de la fuerza de la mente y la sabiduría del alma. Son maestros y guías, imparten sus conocimientos a quienes los buscan y les ayudan a crecer y evolucionar.

Los Ghede Lwa Los Ghede nanchon de Lwa son un misterioso y poderoso grupo de espíritus conocidos por su conexión con la muerte y el más allá. Son a la vez temidos y venerados, y su presencia se hace sentir en toda la religión Vudú. A menudo se les invoca para que ayuden en asuntos relacionados con la muerte, y sus tradiciones hacen hincapié en el humor, la sexualidad y la fertilidad. En el mundo del Vudú, son guardianes de la puerta, tienen la llave de los misterios de la vida y la muerte.

Existe una cierta mística en torno a los Ghede nanchon. Se les considera forasteros y sus tradiciones son a menudo malinterpretadas por quienes tienen escasos conocimientos de la religión. Pero para los que practican el vudú, los ghede Lwa son esenciales en el paisaje espiritual. Son un recordatorio de la fragilidad de la vida y de la importancia de honrar a los que han fallecido. Este nanchon está formado por un grupo diverso de espíritus, cada uno con sus propios atributos y personalidades. Algunos son conocidos por su comportamiento estridente, mientras que otros son más serios y contemplativos. Pero todos ellos comparten una profunda conexión con la muerte y una poderosa capacidad para ayudar a guiar las almas de los difuntos.

El nanchon de Ghede es también el hogar de muchos espíritus importantes, cada uno con su propia personalidad y papel dentro del nanchon. Pero a pesar de sus diferencias, todos comparten una profunda conexión con el mundo de los muertos y una poderosa capacidad para ayudar a quienes luchan con cuestiones relacionadas con la muerte y el más allá. El nanchon se ve a menudo como un símbolo del círculo de la vida; es un recordatorio de que la muerte no es un final, sino más bien una transición a una nueva fase de la existencia. Los Ghede Lwa son vistos como guías, que ayudan a facilitar el paso del alma del mundo físico al mundo del más allá.

También recuerdan a todos y cada uno la importancia de vivir la vida al máximo. Son conocidos por sus estridentes celebraciones y su amor por la danza, la música y el sexo. Los Ghede Lwa son un recordatorio de que la vida es corta y que debe vivirse con alegría y pasión. En muchos sentidos, encarnan las contradicciones que se encuentran en el corazón de la religión vudú. Son a la vez serios e irreverentes, poderosos y juguetones, venerados y temidos.

Sobre los "veves"

Un "veve" es un diseño o dibujo simbólico que representa a un Lwa o espíritu específico. Estos intrincados diseños se crean utilizando diversos materiales, como harina de maíz, harina y ceniza, y suelen dibujarse en el suelo o en un trozo de tela o papel. La creación de un veve es una parte importante de la invocación de un Lwa en particular y de la invitación a su presencia en una ceremonia o ritual. La importancia de los veves reside en su capacidad para crear una conexión visual entre el practicante y el Lwa. Cada veve es único y tiene símbolos y patrones específicos que corresponden a los atributos y cualidades de un espíritu concreto. Por ejemplo, el veve para el Lwa Legba (asociado con la comunicación y el control de las puertas) suele incluir llaves o una encrucijada.

Cuando se crea un veve, se acompaña de oraciones, cánticos y ofrendas a los Lwa, todo lo cual sirve para amplificar la intención del practicante y concentrar su energía en un resultado específico. A través de este proceso, el veve se convierte en una poderosa herramienta para invocar al espíritu y abrir un canal de comunicación e intercambio. Sin embargo, es importante señalar que el uso de veves no es una práctica casual o frívola. En los últimos años, se ha producido un aumento del uso desconsiderado de las venas en la cultura popular, con personas que se las tatúan en el cuerpo sin una comprensión clara de su significado o de las tradiciones a las que están conectadas. Esta tendencia ha suscitado preocupación por la apropiación cultural y la mercantilización de las prácticas vudú.

El uso de los velos requiere respeto y comprensión de su significado cultural y espiritual. Los practicantes deben abordar la creación y el uso de los velos con una intención clara y una profunda reverencia por los Lwa que representan. Esto significa tomarse el tiempo necesario para conocer los significados y asociaciones específicos de cada veve y comprender los protocolos adecuados para invocar y trabajar con el espíritu asociado. Si no utiliza estos símbolos con respeto, los Lwa pueden optar por ignorarle permanentemente, o los espíritus más malhumorados pueden castigarle por insultarles con el uso descuidado de su símbolo. Por favor, comprenda que los velos no son simplemente diseños decorativos o símbolos para ser utilizados en beneficio propio. Son herramientas poderosas para la transformación espiritual y deben utilizarse con el máximo cuidado y respeto. Los velos solo deben ser creados y utilizados por aquellos que hayan recibido la formación e iniciación adecuadas en las tradiciones Vudú y tengan una profunda comprensión de las dimensiones espirituales de su trabajo.

Sus antepasados

En el vasto reino de las prácticas vudú y hudú, no se puede exagerar la importancia de los antepasados. Los venerados que han pasado antes que nosotros llevan consigo la sabiduría de las edades, el conocimiento de los misterios del universo y las experiencias acumuladas de sus vidas. Son los guardianes de nuestros linajes, los custodios de su herencia y los espíritus que pueden guiarle hacia su destino. Los antepasados son considerados la primera línea de defensa, el primer punto de contacto y el primer puente entre el mundo humano y el de los espíritus. Sirven de conducto para los Lwa y se cree que pueden comunicarse con los antepasados. Por ello, invocar la ayuda de los antepasados es un paso crucial en cualquier práctica vudú o hudú.

Estos espíritus son vitales porque pueden ofrecer guía, protección y curación. También pueden proporcionar alimento espiritual, bendiciones y abundancia. Se cree que pueden intervenir en la vida de sus descendientes, sobre todo en momentos de necesidad, crisis o peligro. Pueden ayudar a los practicantes a superar obstáculos, romper maldiciones y tener éxito en sus empeños.

Contactar con sus antepasados

Para contactar con sus antepasados, debe montar un altar de antepasados, que puede ser una disposición sencilla o elaborada de fotografías, velas, flores y ofrendas. A continuación, puede encender velas e incienso, ofrecer comida, bebida o tabaco y meditar o rezar frente al altar. El objetivo es crear un espacio sagrado donde los antepasados puedan sentirse bienvenidos y honrados y donde usted pueda comunicarse con ellos.

Como vuduista principiante, debe establecer una conexión con sus antepasados antes de intentar contactar directamente con los Lwa. Esto se debe a que los antepasados son considerados la puerta de entrada al mundo de los espíritus y pueden ayudarle a navegar por las complejidades de las prácticas vudú y hudú. Al establecer una relación con sus antepasados, podrá comprender mejor sus raíces, su linaje y su lugar en el mundo. Sus antepasados también pueden ser una fuente de inspiración, creatividad e intuición. Pueden guiarle hacia su propósito, vocación y destino.

Puede acceder a la sabiduría colectiva de sus antepasados a través de su comunidad, su cultura y sus tradiciones. Los antepasados pueden incluso ayudarle a desarrollar sus capacidades psíquicas, sus habilidades adivinatorias y otros dones espirituales. Sin embargo, es esencial acercarse a los antepasados con respeto, humildad y sinceridad. No deben tomarse a la ligera, pues son espíritus poderosos que exigen reverencia y gratitud. Los antepasados deben ser honrados, alimentados y recordados con regularidad, ya que son la base de nuestras vidas y los guardianes de nuestros espíritus.

Capítulo Cuatro: El Rada Lwa

Este capítulo le enseña a conocer a los espíritus Rada, frescos y amables. Estos espíritus son aptos para principiantes, más que sus fogosos e impredecibles homólogos Petro.

Ezili Freda

Ezili Freda es una Lwa grácil y elegante, un espíritu divino del amor, la belleza, la feminidad y el lujo. A menudo se la representa como una hermosa mujer vestida de blanco, adornada con perlas y sosteniendo un abanico o un espejo. Su presencia es calmante y tranquilizadora, y su energía es nutritiva y poderosa. Su velo, un símbolo sagrado utilizado para invocar su presencia, está intrincadamente diseñado con un corazón central y plumas, flores y otros símbolos de belleza a su alrededor. El blanco y otros tonos pastel (como el rosa y el azul) se asocian a menudo con ella. También se la asocia con la fragancia del jazmín y otras flores de dulce aroma.

En el vudú haitiano, Ezili Freda se sincretiza con la santa católica Nuestra Señora de Lourdes; a menudo se recurre a ella para obtener curación y consuelo. Se la asocia con el concepto de amor puro e incondicional y se la venera por su capacidad de aportar armonía y equilibrio a las relaciones. A menudo se la empareja con la poderosa y viril Lwa, Damballa, y juntas representan la unión divina de la energía masculina y femenina. También se la asocia con otras Lwa amables y cariñosas como Agwe, LaSiren y Loco.

Ezili Freda está sincretizada con Nuestra Señora de Lourdes
Wayne S. Grazio, CC BY-NC-ND 2.0 DEED < https://creativecommons.org/licenses/by-nc-nd/2.0/> https://www.flickr.com/photos/fotograzio/17993185248

Las leyendas que rodean a Ezili Freda la describen a menudo como una mujer bella y vanidosa que disfruta del lujo y de las cosas buenas de la vida. Es conocida por su amor a las perlas y otras joyas preciosas, y a menudo se le hacen ofrendas de estos objetos. También se la conoce por su naturaleza gentil y su capacidad para calmar los corazones atribulados y aportar paz a las situaciones difíciles. Para honrar a Ezili Freda, los practicantes suelen ofrecerle regalos de champán, flores blancas y dulces. Se dice que si ella acepta una ofrenda, dejará una señal como la presencia de una mariposa, un aroma de perfume o un sentimiento de calma y amor.

Ezili Freda es honrada durante la temporada de Carnaval con el desfile *Krewe of Muses*, que la presenta como su patrona Lwa. Los indios del Mardi Gras también la honran con sus elaborados trajes de abalorios y plumas. Ezili Freda es una Lwa querida y poderosa que ofrece guía, amor y protección a quienes la buscan. Su energía es un recordatorio del poder del amor y la belleza de lo divino femenino.

Existen muchas historias reales de personas que han establecido una conexión profunda y significativa con Ezili Freda. Una de esas historias es la de Marie, una joven de Nueva Orleans. Marie siempre se había sentido atraída por las tradiciones espirituales de sus antepasados, pero no fue hasta que descubrió la práctica del vudú cuando encontró verdaderamente un sentimiento de pertenencia. Desde el momento en que vio por primera vez el velo de Ezili Freda, Marie supo que había encontrado su hogar espiritual.

Con el tiempo, Marie empezó a incorporar la veneración de Ezili Freda a su práctica diaria. Encendía velas y ofrecía flores y otros regalos al espíritu, siempre con un sentimiento de profunda reverencia y respeto.

Un día, Marie recibió una poderosa señal de que sus ofrendas habían sido aceptadas por Ezili Freda. Caminaba por la calle cuando vio una mariposa, con las alas del mismo tono rosa que las flores que había ofrecido al espíritu ese mismo día. Mientras la observaba, la mariposa se posó en su hombro y permaneció allí varios minutos antes de salir volando. A partir de ese momento, Marie supo que tenía una conexión especial con Ezili Freda. Continuó ofreciéndole regalos y venerando al espíritu. A cambio, sintió un amor y una protección que nunca había experimentado.

Agwe

Agwe, el soberano de los mares y océanos, es un Lwa majestuoso y poderoso venerado por muchos en las tradiciones vudú y hudú. A menudo se le representa como un hombre apuesto y musculoso con escamas verdes y cola de sirena, lo que refleja su asociación con el agua. Su velo es un intrincado símbolo de un barco con velas, rodeado de olas y peces, que representa su dominio sobre los mares. Otros símbolos asociados a él son las conchas marinas, el coral y los anzuelos.

Agwe es el soberano de los mares

fenixcs, CC BY-NC-ND 2.0 DEED < https://creativecommons.org/licenses/by-nc-nd/2.0/ >
https://www.flickr.com/photos/fenixcsmar/30208171733

En la tradición sincrética del vudú haitiano, Agwe se asocia a menudo con el santo católico San Ulrico, que también se asocia con el mar. Este sincretismo pone de relieve el complejo entrelazamiento de tradiciones africanas y europeas que caracteriza a las tradiciones vudú y hudú. Las correspondencias de Agwe incluyen los colores azul y verde y las plantas y hierbas asociadas con el océano, como las algas y la sal marina. También se le asocia con el ron, una ofrenda popular para él. Comparte estrechos vínculos con La Sirène y Simbi Andezo.

Agwe es un espíritu feroz y protector, dispuesto a todo para proteger a sus devotos. Se le conoce por ser generoso y amable, pero también poderoso y peligroso cuando se le enfada. Las ofrendas a Agwe suelen adoptar la forma de comida, bebida y otros regalos que se dejan en la orilla o se arrojan al mar. Las señales de que ha recibido y aceptado las ofrendas pueden incluir aguas tranquilas, un viaje de pesca exitoso u otros signos de buena fortuna en el agua. A menudo se celebra y honra a Agwe de diversas maneras, incluso mediante rituales y ofrendas en la orilla u otras masas de agua. La Krewe of Proteus, una organización del Mardi Gras fundada en 1882, ha elegido a Agwe como su patrona oficial, lo que refleja la perdurable popularidad de esta poderosa y querida Lwa en las tradiciones culturales de la ciudad.

Legba

Legba, el guardián de la encrucijada, es uno de los Lwa más importantes y queridos del panteón vudú. Es un anciano sabio y travieso, a menudo representado con un bastón y un sombrero de paja, y es conocido por hablar con acertijos y mensajes crípticos. Su veta es un símbolo sencillo pero poderoso, que consiste en una encrucijada con un círculo en el centro. Sus colores son el rojo y el negro, y sus correspondencias incluyen el tabaco, el ron y el aceite de palma. Se le asocia con la hierba ruda y la planta hibisco y se le sincretiza con San Pedro en la tradición católica.

Una estatua de Legba, el guardián entre los mundos humano y espiritual
Jeremy Burgin, CC BY-SA 2.0 <https://creativecommons.org/licenses/by-sa/2.0>, vía Wikimedia Commons https://commons.wikimedia.org/wiki/File:Statue-of-Legba-by-Jeremy-Burgin.jpg

Legba está estrechamente vinculado a otros Lwa, como Papa Ghede y el Barón Samedi, y se dice que es el guardián de la puerta entre los mundos humano y espiritual. También es conocido por eliminar obstáculos y proporcionar oportunidades, lo que le convierte en una elección popular para quienes buscan guía y suerte. A menudo representado como un embaucador, utiliza el ingenio y el humor para enseñar lecciones importantes y mantener a la gente alerta. Es protector de los niños y los ancianos y venerado por su sabiduría y su capacidad para verlo todo.

Para honrar a Legba, a menudo se le hacen ofrendas de ron, tabaco y comida en los cruces de caminos, y se dibuja su veta en harina de maíz o harina en polvo. Las señales de que ha aceptado una ofrenda pueden incluir una repentina ráfaga de viento, el sonido de pasos o la aparición de un perro callejero. Legba se celebra durante la fiesta anual del vudú, así como durante el Mardi Gras y otras festividades. Su presencia se puede sentir en toda la ciudad en la música, la comida y el espíritu de su gente. Legba es un amigo sabio y de confianza para aquellos que buscan su guía y protección.

Loco

Loco es una figura de tremenda fuerza y vitalidad, capaz de mover montañas y suscitar poderosas tormentas. A menudo se le representa como un hombre alto y musculoso con una presencia feroz e imponente, su rostro está adornado con intrincadas marcas tribales y sus ojos brillan con una luz feroz e inflexible. Sostiene en sus manos un bastón de oro puro, símbolo de su fuerza y dominio sobre los elementos. Uno de los símbolos más llamativos asociados a Loco es su veta, un diseño poderoso e intrincado que representa su presencia y su poder. La veta de Loco presenta una serie de círculos concéntricos, cada uno de los cuales contiene un símbolo o imagen diferente que representa algún aspecto de su esencia.

En las tradiciones sincréticas de Nueva Orleans, Loco se asocia a menudo con el San Antonio de Padua católico. Esta conexión refleja el papel de Loco como guía y protector de los oprimidos y marginados y su reputación como sanador milagroso y proveedor de sustento. En cuanto a las correspondencias, a Loco se le asocia a menudo con el color verde y con diversas hierbas y plantas como la menta, la albahaca y la verbena. Estas correspondencias reflejan su conexión con el mundo natural y su capacidad para canalizar sus energías para lograr sus objetivos.

Veve de Loco

Sam Fentress, CC BY-SA 2.0 <https://creativecommons.org/licenses/by-sa/2.0>, via Wikimedia Commons https://commons.wikimedia.org/wiki/File:VoodooValris.jpg

En cuanto a sus relaciones con otros Lwa, Loco suele ser representado como un poderoso aliado de Damballa, el espíritu serpiente de la creación, así como de otras figuras asociadas con el mundo natural, como Oya y Oshun. También se dice que protege ferozmente a sus seguidores y que no teme actuar contra quienes pretenden hacerles daño. A menudo se representa a Loco como un espíritu de gran poder y misterio, capaz de realizar hazañas milagrosas y de proporcionar guía y apoyo a quienes lo necesitan. También se dice que posee una vena ferozmente independiente y que no teme desafiar a la autoridad o las convenciones en pos de sus objetivos. Las ofrendas preferidas para Loco pueden incluir artículos como puros, ron y otros licores potentes, así como diversos alimentos como pollo, pescado y arroz. Las señales de que Loco ha recibido y aceptado las ofrendas de uno pueden incluir cambios repentinos en el clima o la aparición de diversos animales como serpientes, lagartos u otras criaturas asociadas con el mundo natural.

Este Lwa se celebra y honra durante varios festivales y observancias a lo largo del año, particularmente durante las celebraciones anuales del Mardi Gras. Durante estos acontecimientos, se hacen ofrendas a Loco para buscar su protección y guía, y se realizan diversos rituales y ceremonias para honrar su poder e influencia.

Damballa

Damballa, el espíritu serpiente, es un poderoso Lwa del vudú haitiano. A menudo se le representa como una serpiente blanca gigante enroscada alrededor de un bastón o como un arco iris. A Damballa se le asocia con la creación, la sabiduría y las fuerzas primigenias del universo. Su símbolo, la veve, es una representación estilizada de una serpiente. En el vudú haitiano, este Lwa se sincretiza a menudo con San Patricio, el santo patrón de Irlanda. Sus correspondencias incluyen el color blanco, la hierba albahaca y la planta hibisco. Damballa está estrechamente asociado con su consorte, Ayida-Weddo, la serpiente arco iris. Juntas, representan el equilibrio del universo entre las energías masculina y femenina. Damballa también está asociado con otros Lwa poderosos, como Papa Legba y el Barón Samedi.

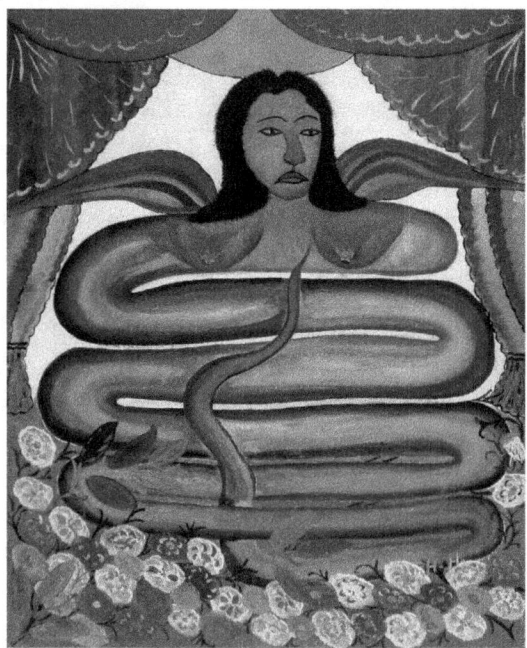

Damballa, el espíritu serpiente
https://commons.wikimedia.org/wiki/File:Damballah_La_Flambeau.jpg

La sabiduría popular relacionada con Damballa le describe como un espíritu sabio y benévolo dispuesto a guiar y proteger a sus devotos. Se sabe que es un poderoso sanador y a menudo se le invoca para curar enfermedades o para que guíe en asuntos de sabiduría y conocimiento. Los devotos suelen ofrecerle huevos, leche y ron blanco como ofrendas, que se depositan en su altar. Las señales de que ha recibido y aceptado una ofrenda incluyen la aparición de serpientes en la zona o el sonido de siseos. Damballa es celebrado y honrado durante varias ceremonias vudú a lo largo del año, entre ellas la Fiesta de San Juan y el Festival de los Muertos. Durante estas celebraciones se entregan ofrendas y se reza a Damballa, y su poderosa presencia es sentida por los asistentes.

Ayizan

Ayizan es una poderosa Lwa de la tradición vudú, conocida por su capacidad para conectar a las personas con el mundo divino y espiritual. A menudo se la representa como una mujer anciana vestida de blanco o azul y adornada con conchas de cauri y una escoba, que simbolizan su papel de guardiana del templo. Su veve, o símbolo sagrado, es una cruz con una línea horizontal en la parte superior, y suele dibujarse en blanco o azul en el suelo durante las ceremonias Vudú. Otros símbolos asociados a Ayizan son la escoba, las conchas de cauri y la acacia.

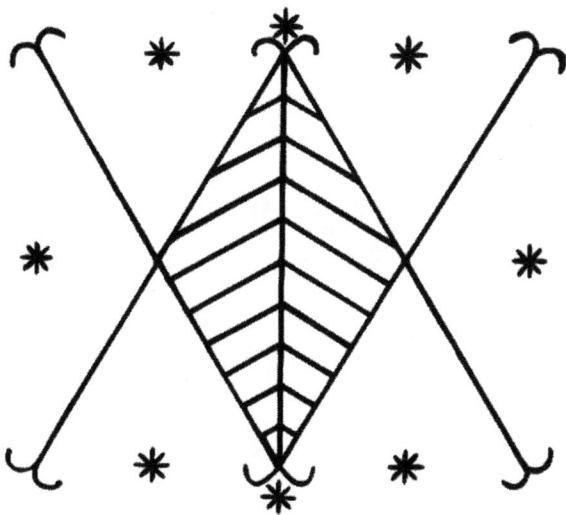

Veve de Ayizan
https://commons.wikimedia.org/wiki/File:VeveAyizan.svg

El ayizan se sincretiza a veces con la santa católica Nuestra Señora del Monte Carmelo, a la que también se asocia con las escobas y la limpieza espiritual. Sus correspondencias incluyen los colores blanco y azul, así como hierbas como el romero, la albahaca y la lavanda. En el vudú, a menudo se la invoca para que abra la puerta entre el mundo físico y el espiritual, permitiendo la comunicación con lo divino. También se la asocia con la fertilidad, la curación y la protección y se dice que posee una personalidad amable y nutritiva.

Según la tradición, Ayizan fue la primera mambo o sacerdotisa de la tradición vudú. Enseñó a los demás a comunicarse con los Lwa y desempeñó un papel decisivo en la difusión de la práctica por todo Haití y más allá. Las ofrendas que se le hacen suelen incluir objetos como velas blancas, escobas y conchas de cauri, así como comida y bebida como harina de maíz, agua y ron. Las señales de que Ayizan ha recibido y aceptado una ofrenda pueden incluir el sonido de una escoba barriendo el suelo o una sensación de claridad y conexión espiritual. A menudo se celebra y honra a Ayizan como parte de la tradición vudú, sobre todo durante la fiesta anual del vudú que se celebra en octubre. También es venerada por muchos en la comunidad haitiana, que siguen practicando las antiguas tradiciones que ella ayudó a establecer hace tanto tiempo.

Capítulo Cinco: Los Gede Lwa

En este capítulo conocerá a los Gede Lwa más populares, empezando por el Barón Samedi.

Barón Samedi

El Barón Samedi, el Señor de los Muertos, es un Lwa complejo y polifacético en la tradición vudú haitiana. Su imagen es la de un hombre alto y delgado con los ojos hundidos y el rostro en forma de calavera. Lleva un sombrero de copa y un largo abrigo negro y a menudo se le ve portando un bastón. A pesar de su temible aspecto, es conocido por ser un espíritu jovial y encantador con un profundo sentido del humor y amor a la vida. El velo del Barón Samedi es un diseño sencillo que consiste en una cruz con dos pequeñas líneas verticales a cada lado. También se le asocia con la imagen de una calavera con huesos cruzados, que representa su papel como gobernante de los muertos. En el vudú haitiano, el Barón Samedi se sincretiza con San Martín de Porres, un hermano laico peruano conocido por sus poderes curativos y su devoción por los pobres y los enfermos.

Barón Samedi, el Lwa de la muerte
Nicolas Munoz, CC BY-NC-SA 2.0 DEED < https://creativecommons.org/licenses/by-nc-sa/2.0/ > https://www.flickr.com/photos/nicolasmunoz/5817315380

El Barón Samedi está estrechamente asociado con la muerte, pero también con la fertilidad y el renacimiento. Sus colores son el negro y el púrpura, y sus correspondencias incluyen el tabaco, el ron y el café. A menudo se le invoca para ayudar en asuntos relacionados con el amor y la fertilidad, así como para protección y curación. En el vudú haitiano, el Barón Samedi es considerado el líder de los Gede, un grupo de Lwa asociados con la muerte y el más allá. Está casado con la poderosa Lwa Maman Brigitte y a menudo se le ve en compañía de otros espíritus Gede, como el Barón La Croix y el Barón Kriminel.

A pesar de su imagen macabra, el Barón Samedi es una figura querida y respetada en el vudú haitiano, conocido por su sabiduría, ingenio y capacidad para ayudar a los necesitados. Los devotos del Barón Samedi le ofrecen ofrendas de tabaco, ron y otros artículos asociados con la muerte y el más allá. Las señales de que ha aceptado una ofrenda pueden incluir la aparición de una mariposa negra o el olor a humo de tabaco. El Barón Samedi se celebra como parte del Festival anual del Vudú, que tiene lugar cada año en octubre. Los devotos del vudú le honran dejando ofrendas en su altar, bailando y cantando en su honor y participando en rituales y ceremonias diseñadas para honrar su poder e influencia.

Maman Brigitte

Maman Brigitte es una poderosa Lwa del panteón vudú con una voz como la melaza y una presencia como el trueno. A menudo se la representa como una mujer alta y llamativa, de pelo rojo fuego y penetrantes ojos verdes. Lleva un vestido largo y vaporoso y porta un machete o una botella de ron. Su veve es una cruz con un círculo en el centro, y sus símbolos asociados incluyen gallos negros, velas rojas y negras y pimientos picantes.

En el vudú haitiano, Maman Brigitte se sincretiza con la santa católica Brígida y a menudo se la invoca para pedir protección, justicia y curación. Se la asocia con la muerte, el más allá, la curación y la transformación. Sus colores son el negro y el morado, y sus hierbas correspondientes incluyen la albahaca, el laurel y el romero.

Se dice que Maman Brigitte tiene una estrecha relación con el Barón Samedi, el Lwa de la muerte, y a menudo se la ve como su esposa o hermana. También se la asocia con los Ghede, un grupo de Lwa que son los espíritus de los muertos. Es conocida por su naturaleza feroz y protectora y por su capacidad para ayudar a los que tienen problemas o se enfrentan a situaciones difíciles. También se dice que tiene un lado travieso y que disfruta gastando bromas a aquellos que no le muestran el debido respeto. Maman Brigitte es una feroz guerrera y protectora de las mujeres. También es conocida por su amor al ron y al tabaco, y se dice que las ofrendas de estos artículos la complacen.

Otras ofrendas que se dice que la complacen incluyen gallos negros, pimientos picantes y velas rojas y negras. Maman Brigitte se celebra en el vudú haitiano durante el Festival de los Muertos, que tiene lugar en noviembre. Se la honra durante las celebraciones del Mardi Gras inspiradas en el vudú y las festividades del Día de los Muertos. A menudo se la invoca para pedirle protección y curación, así como guía y fuerza en tiempos difíciles. Su presencia se siente en la energía ardiente de Nueva Orleans y a menudo se la invoca por su energía poderosa y protectora.

Barón La Croix

El Barón La Croix es uno de los Lwa menos conocidos del panteón vudú, pero no por ello es menos poderoso o venerado. A menudo se le representa como un hombre de semblante feroz vestido de blanco y negro y portando un bastón. Su velo es un complejo patrón de líneas y formas que se entrecruzan y que a menudo incorpora los colores negro, blanco y rojo. Este Barón no está sincretizado con ningún santo católico, pero tiene correspondencias con varios colores, hierbas y plantas. Se le asocia con el negro, que representa la muerte y el inframundo. Algunas de las hierbas y plantas asociadas a él son el marrubio, la ruda y el tabaco.

El Barón de La Croix tiene una relación única con los demás Lwa. A menudo se le considera una figura solitaria, que rara vez interactúa con otros espíritus. Sin embargo, a veces se le invoca con otros Lwa, especialmente los asociados con la muerte y el inframundo, como el Barón Samedi y Maman Brigitte. No hay mucha tradición en torno al Barón La Croix, pero quienes han trabajado con él lo describen como una fuerza poderosa y misteriosa. Se dice que es un maestro de la transformación y que puede ayudar a aquellos que buscan cambiar sus vidas de forma significativa.

Las ofrendas preferidas para el Barón La Croix incluyen ron, puros y velas negras. Las señales de que ha recibido y aceptado una ofrenda pueden incluir coincidencias misteriosas, sueños vívidos o una sensación de cierre o culminación. No es muy celebrado ni honrado, pero algunos practicantes del vudú pueden incluirlo en sus prácticas espirituales personales. Se le considera una fuerza potente y enigmática a la que hay que acercarse con precaución y respeto.

Barón Cimetière

En el vudú haitiano, el Barón Cimetière se representa a menudo como una figura esquelética que lleva un sombrero de copa y porta un bastón o una pala. Se le asocia con la muerte, los cementerios y los espíritus de los muertos. También se le considera el guardián del cementerio y el portero entre los vivos y los muertos. Su veleta representa una calavera con huesos cruzados; sus colores son el negro y el morado. Sus ofrendas incluyen ron, puros y café negro, y sus hierbas sagradas son la ruda, la albahaca y la lavanda. Si se parece al barón Samedi, es porque es otro aspecto de ese Gede Lwa.

El Barón Cimetière mantiene fuertes relaciones con otros espíritus de la muerte y de los muertos, como Papa Ghede y Maman Brigitte. También se le asocia con el santo católico San Expedito y se sincretiza con él en algunas tradiciones. En cuanto a la tradición, se dice que el Barón es temido y respetado por aquellos que trabajan con él. Se le conoce por su forma de hablar franca y directa y por su habilidad para atravesar las pretensiones y revelar la verdad. También se cree que es capaz de impartir sabiduría y guía a aquellos que buscan su consejo. El Barón Cimetière es honrado durante el Festival de los Muertos en Haití, que tiene lugar en noviembre. En el vudú de Nueva Orleans también se le celebra durante esta época y durante las festividades anuales del Día de los Muertos a principios de noviembre. En estos eventos, se suelen hacer ofrendas de ron, cigarros y café negro para honrarle, y a menudo se dibuja su veta en el suelo o en un altar ceremonial.

Gede Nibo

Gede Nibo, la Lwa de la muerte y la fertilidad en la tradición vudú. Gede Nibo es un espíritu poderoso y travieso con un ingenio agudo y una inclinación por el humor socarrón. En la tradición vudú, Nibo se representa a menudo como una figura esquelética adornada con un sombrero de copa, un abrigo negro, un bastón y ron blanco medicinal. También es afeminado y con frecuencia fuma un puro. Su veve, o símbolo sagrado, es una serie de triángulos interconectados que representan la encrucijada entre la vida y la muerte. Otros símbolos asociados a este Lwa son los ataúdes, los huesos y los colores negro y morado.

En el vudú haitiano, Gede Nibo se sincretiza a menudo con San Gerardo Majella, un santo cristiano conocido por aportar soluciones rápidas a los problemas. En el vudú de Nueva Orleans, Gede Nibo se sincretiza a menudo con San Martín de Porres, un santo católico conocido por su trabajo con los pobres y los enfermos. Sus correspondencias incluyen el negro y el púrpura y las hierbas albahaca, ajenjo y salvia. A menudo se le asocia con cementerios y encrucijadas y se dice que tiene el poder de traer la fertilidad a quienes le honran.

En el panteón vudú, Gede Nibo está estrechamente relacionado con los otros Lwa de la muerte y el más allá, incluidos el Barón Samedi y Maman Brigitte. También es conocido por su estrecha relación con Papa Legba (el Loa), el guardián de la puerta entre el mundo de los mortales y el de los espíritus. Gede Nibo es travieso, pero también profundamente poderoso y sabio. Se dice que es capaz de ver a través del velo entre la vida y la muerte y utiliza sus conocimientos para ayudar a aquellos que buscan su guía.

La leyenda cuenta que una joven sufrió una grave enfermedad. Su familia pidió ayuda a Gede Nibo, que se les apareció como un esqueleto que portaba un bastón y un sombrero de copa. Dio instrucciones a la familia para que prepararan una ofrenda especial de café negro y ron y la colocaran en la encrucijada. La familia hizo lo que se les dijo, y él aceptó su ofrenda y curó a la joven, devolviéndole la plena salud.

Gede Nibo también es conocido por su amor a la música y la danza y a menudo se le invoca durante celebraciones y festivales. Una danza tradicional que se asocia a este espíritu es la danza Banda, que consiste en un grupo de bailarines moviéndose en círculo mientras tocan tambores y otros instrumentos de percusión. En el vudú haitiano, Gede Nibo se asocia a menudo con la práctica de la veneración de los antepasados y se dice que tiene el poder de comunicarse con los espíritus de los muertos. Los devotos pueden invocar a Gede Nibo para que les ayude a conectar con sus antepasados y buscar su guía y sabiduría.

Las ofrendas preferidas para Gede Nibo incluyen café negro, ron y cigarros. Las señales de que ha recibido y aceptado una ofrenda pueden incluir la aparición repentina de un esqueleto o un perro negro o una sensación de ligereza y alegría. Gede Nibo se celebra y honra en Nueva Orleans durante el festival anual de vudú, Fet Gede, a finales de octubre o principios de noviembre. Durante este festival, los devotos ofrecen regalos y realizan rituales para honrar a Gede Nibo y a los demás Lwa de la muerte y del más allá.

Gede Linto

Se trata de un Lwa muy conocido por hacer que se produzcan milagros. Como el resto de los Gede Lwa, tiene que ver con la muerte y la fertilidad. La muerte no es algo malo cuando se trata de esta familia de Lwa, ya que es simplemente una puerta a más vida y parte del proceso de vivir. Se le suele representar como un hombre moreno, de un metro y medio de estatura, bastón en mano, con gafas y un sombrero negro antiguo. Se dice que es un Gede Lwa muy exigente con los modales y bastante gentil. Algunos dicen que es un niño pequeño y dulce conocido por su naturaleza juguetona y traviesa y su amor por los dulces y los juguetes.

Gede Linto, cuando se le representa de joven, aparece con el pelo rizado y una sonrisa juguetona. Su veve, un símbolo utilizado en los rituales vudú para invocar la presencia de un Lwa, presenta un corazón, una cruz y una piruleta. No está sincretizado con ningún santo en particular; aun así, se le considera parte de la familia Gede de Lwa, asociada con la muerte y el mundo de los espíritus. Se dice que está asociado con el color rosa y las hierbas menta y canela. Se sabe que tiene una especial predilección por los caramelos y dulces, que a menudo se le ofrecen durante las ceremonias vudú. La veta de Linto es como la de Lantor, con una cruz con dos círculos a ambos lados y un corazón debajo.

Guede Masaka y Guede Oussou

Guede Masaka se asocia con el color negro. Su vena incluye a menudo una calavera, huesos cruzados y un corazón. Es conocido por su capacidad para eliminar obstáculos y proporcionar protección. Guede Oussou se asocia con el color púrpura, y su veve incluye a menudo una calavera y huesos cruzados con una serpiente. Es conocido por su asociación con el arco iris y a menudo se le invoca por su capacidad para atraer la buena suerte y la prosperidad. También se le conoce por su carácter irreverente y travieso y a menudo se le representa como aficionado al alcohol y al tabaco.

A Guede Masaka y Guede Oussou se les suele llamar "sepultureros" en el vudú haitiano. Esto se debe a que se cree que tienen el poder de enterrar y exhumar cadáveres. En el vudú haitiano, trabajar con los muertos se considera una habilidad sagrada y poderosa, y ambos Guede son venerados por su habilidad para navegar por los reinos de los muertos. Se les considera poderosos protectores y curanderos y se recurre a ellos por su capacidad para eliminar obstáculos y proporcionar guía y apoyo espiritual.

Guede Masaka y Guede Oussou se celebran en el vudú haitiano durante las celebraciones anuales del Día de los Muertos, los días 1 y 2 de noviembre. Durante estas celebraciones, se hacen ofrendas de comida, bebida y tabaco a los Guede, y se les honra y recuerda como Lwa poderosos y benévolos.

Gede Lantor

Este Lwa es todo amor y curación para sus devotos. Lo interesante de él es que se le representa como una mujer con el pelo largo y suelto. Sus correspondencias incluyen el rayo y el trueno, y es conocido por ayudar a cualquiera que tenga problemas con asuntos del corazón o la sexualidad. La veta de Lantor se parece a la de Linto.

Capítulo Seis: Los Petro Lwa

Este capítulo tratará sobre algunos de los Petro Lwa más comunes, ¡para que sepa todo lo que hay que saber sobre ellos! Conocer a los Lwa le ayudará a interactuar con ellos, hacer ofrendas y mucho más. Es más fácil sentir su presencia en su vida cuando sabe con quién está tratando.

Simbi Andezo

Simbi Andezo es un espíritu del agua en el vudú haitiano y en el vudú de Nueva Orleans. Se le asocia con la familia Simbi de Lwa; a menudo se le representa como una serpiente, aunque también puede aparecer como una serpiente de agua o un pez. Es conocido por su capacidad para otorgar conocimientos, en particular de los secretos del mundo natural, y por sus poderes curativos.

Su veve, o símbolo sagrado, suele incluir una figura parecida a una serpiente o un pez con una luna creciente y otros símbolos diversos que representan el agua y el conocimiento. En el vudú haitiano, Simbi Andezo suele sincretizarse con San Patricio, mientras que en el vudú de Nueva Orleans puede asociarse con Santiago el Mayor o Santo Domingo. Sus correspondencias incluyen el azul y el verde y las hierbas asociadas al agua como la albahaca, la menta y el laurel.

Simbi Andezo mantiene una estrecha relación con otros miembros de la familia Simbi de Lwa y otros espíritus del agua, como Agwe y La Sirene. En la tradición popular se le describe a menudo como sabio, conocedor, travieso e imprevisible. Le gustan las ofrendas de ron, tabaco y pescado y también puede apreciar los regalos de conocimiento, como libros u otros materiales educativos. En el vudú haitiano, Simbi Andezo se celebra el 24 de junio, festividad de San Juan Bautista, también asociado con el agua. En el vudú de Nueva Orleans, se le puede honrar el 29 de junio, festividad de San Pedro, también asociado con el agua. En el Hoodoo, se le puede invocar por sus conocimientos y poderes curativos a través de hechizos y encantamientos.

Gran Bwa

Gran Bwa, la poderosa Lwa del bosque, es una fuerza a tener en cuenta en el vudú haitiano, el vudú de Nueva Orleans y el hudú. Este antiguo espíritu tiene profundas raíces y su influencia se deja sentir a lo largo y ancho. En apariencia, el Gran Bwa es representado a menudo como una figura imponente con una presencia feroz y formidable. Se dice que lleva un sombrero hecho de hojas y está envuelto en follaje, lo que simboliza su profunda conexión con el mundo natural. Su rostro se talla a menudo en tótems y esculturas, y su imagen se utiliza en velos y otros símbolos sagrados asociados a su culto.

En cuanto a los símbolos, el veve de Gran Bwa es una poderosa imagen que representa su esencia y su energía. Es un patrón arremolinado e intrincado de líneas y curvas que, según se dice, encarna el espíritu del bosque y el poder de la naturaleza. Sus otros símbolos asociados incluyen árboles, hojas y otras diversas especies de flora y fauna que se encuentran en la naturaleza. Aunque el Gran Bwa no está sincretizado con ningún santo en particular, a menudo se le asocia con San Sebastián, un mártir cristiano conocido por su profunda devoción y su fe inquebrantable. Se dice que el Gran Bwa comparte muchas de estas cualidades y es un protector de los fieles.

Las correspondencias de Gran Bwa incluyen los colores verde y marrón, que se asocian con el mundo natural y el bosque. Sus hierbas y plantas preferidas incluyen la albahaca, el pachulí y el cedro, que tienen fuertes propiedades protectoras y purificadoras. Sus asociaciones con el bosque hacen que también esté estrechamente vinculado a los animales que lo habitan, como la serpiente, el búho y el oso. En cuanto a sus relaciones con otros Lwa, el Gran Bwa es conocido por ser una figura solitaria y a menudo se le considera un guardián o protector de los demás espíritus. Su naturaleza feroz y protectora hace que los otros Lwa le respeten profundamente, y a menudo se recurre a sus poderes en momentos de peligro o lucha.

La sabiduría popular relacionada con el Gran Bwa lo describe como una fuerza poderosa y a veces impredecible que debe ser tratada con gran respeto y reverencia. Se dice que es sabio y conocedor pero también capaz de una gran ira y retribución si se cruzan sus límites o se violan sus espacios sagrados. Sin embargo, a pesar de su temible reputación, también se sabe que es un protector amable y cariñoso, especialmente con los niños y las personas vulnerables. Las ofrendas al Gran Bwa suelen incluir ofrendas de comida, bebida, hierbas sagradas y plantas. Le gusta especialmente el ron, y se dice que las ofrendas de este potente licor son especialmente placenteras. Las señales de que ha recibido y aceptado una ofrenda pueden incluir una repentina ráfaga de viento, el susurro de las hojas o la aparición de un animal o pájaro asociado con el bosque.

En el vudú haitiano, el vudú de Nueva Orleans y el hudú, el Gran Bwa se celebra y honra de diversas maneras. Se hacen ofrendas en altares dedicados a él y se dibuja su veta en el suelo para invocar su poder y presencia. También se celebran ceremonias especiales en su honor, sobre todo durante la fiesta de San Sebastián, asociada a su culto.

Ti Jean Petro

Ti Jean Petro es un poderoso Lwa del vudú haitiano, conocido por su naturaleza embaucadora, su energía feroz y su conexión con el fuego. Como muchos Lwas, su aspecto y personalidad pueden variar según el contexto y la relación del adorador con él. En algunas representaciones, se dice que es un hombre bajo y musculoso con una melena salvaje, que a menudo lleva un pañuelo o bufanda roja alrededor de la cabeza. A veces se le muestra portando un machete, símbolo de su espíritu guerrero, y también se le puede representar con una serpiente o un gallo negro, ambos asociados a su energía y poder. El veteado de Ti-Jean Petro es un diseño complejo y ornamentado, con círculos entrelazados y una imagen central de una figura humana con los brazos extendidos. Otros símbolos asociados son el sol, un gallo y los colores rojo y negro, que representan su naturaleza ardiente y apasionada. A menudo se le sincretiza con Santiago el Mayor, un santo cristiano asociado con la guerra y la batalla. Esta conexión destaca su energía feroz y protectora y su capacidad para proporcionar fuerza y valor a sus seguidores.

En cuanto a la correspondencia, Ti Jean Petro se asocia con el color rojo y con plantas y hierbas como el pimiento picante, el jengibre y el tabaco. Se dice que su energía está conectada con el fuego y el calor, y a menudo se le invoca para que proporcione protección, fuerza y poder en situaciones difíciles. Este espíritu está estrechamente relacionado con otros Lwas del panteón vudú, en particular los asociados a la tradición Petro, que hacen hincapié en la energía ardiente y agresiva. A menudo se le asocia con otros Lwas poderosos e intensos, como Ezili Dantor, Papa Legba y el Barón Samedi, con los que comparte una conexión con la muerte y el inframundo.

La tradición que rodea a Ti Jean Petro a menudo hace hincapié en su naturaleza embaucadora y su capacidad para burlar y manipular a los demás. Se dice que disfruta gastando bromas y trucos, pero que también tiene un lado profundamente compasivo y protector, en particular hacia las personas vulnerables u oprimidas. Las ofrendas a este espíritu pueden incluir velas rojas, alimentos picantes y alcohol, así como objetos como cuchillos, machetes u otras herramientas asociadas a su energía guerrera. Los signos de que ha aceptado una ofrenda pueden incluir una sensación de calor o energía intensa y el avistamiento de gallos u otros símbolos asociados a su energía. Ti Jean Petro es celebrado y honrado de diversas formas en toda la tradición vudú, en particular en la tradición Petro. Su fiesta es el 25 de julio, y suele estar marcada por banquetes, bailes y otras celebraciones en su honor. En el vudú y el hudú de Nueva Orleans, a Ti Jean Petro se le llama a veces "Papa Jean". A menudo se le asocia con el color rojo y con una energía ardiente y protectora. Se le puede invocar en hechizos y rituales relacionados con el valor, la fuerza y la superación de obstáculos.

Carrefour

Carrefour es un Lwa poderoso y enigmático en las tradiciones vudú haitiana, vudú de Nueva Orleans y hudú. Se le asocia con las encrucijadas, las transiciones y el cambio y a menudo se le invoca para que traiga suerte, protección y guía. Representado como un hombre alto y delgado de piel oscura, vestido con ropas harapientas y portando un bastón, Carrefour aparece a veces con una calavera en su sombrero o collar, simbolizando la muerte y el cruce entre mundos. Su veve, o símbolo ritual, es un complejo patrón de triángulos y círculos entrelazados, que representa las intersecciones de los caminos y el poder del cambio.

En el vudú haitiano, Carrefour se sincretiza a menudo con San Pedro, el apóstol cristiano y guardián de las llaves del cielo. Esta conexión refleja su papel como guardián de puertas y umbrales, tanto físicos como espirituales. En el vudú de Nueva Orleans, a veces se le asocia con Papa Legba, otro Lwa relacionado con las encrucijadas y el guardián de las puertas. Sus correspondencias incluyen el negro y el rojo, que representan la muerte y la vida, respectivamente. Sus plantas asociadas incluyen el marrubio, el tabaco y el ciprés; sus ofrendas pueden incluir ron, puros y pollo. También se sabe que le gustan los pimientos picantes y las comidas especiadas, que representan su naturaleza fogosa.

En el vudú haitiano, Carrefour suele considerarse un Lwa poderoso y temido, asociado con el peligro y el caos. Se le conoce por ser un embaucador y un maestro de la ilusión y se dice que puede conceder tanto bendiciones como maldiciones. Sin embargo, a pesar de esta reputación, se le venera por su capacidad para provocar cambios y transformaciones y a veces se le pide ayuda en asuntos legales o financieros. En el vudú y el hudú de Nueva Orleans, a Carrefour se le conoce a veces como Papa La Bas y se le asocia con la histórica Plaza del Congo de la ciudad, lugar de reunión de los africanos esclavizados y sus descendientes. En estas tradiciones, a menudo se le invoca para que proteja a la comunidad y proporcione orientación en tiempos de cambio y agitación.

Para honrar a Carrefour y trabajar con él, los practicantes pueden crear un espacio sagrado con su veta y ofrecerle ofrendas apropiadas, como ron, tabaco o alimentos picantes. Las señales de que ha recibido y aceptado una ofrenda pueden incluir la aparición de pájaros negros o rojos o el olor a humo de cigarro. El Carrefour se celebra y honra de diversas formas a lo largo del año, entre ellas el 6 de enero, festividad de San Pedro, y durante los festivales haitianos de vudú de Fet Gede y Fet Nago. En las tradiciones vudú y hudú de Nueva Orleans, se le puede honrar durante el Mardi Gras y otras celebraciones que enfatizan el cruce de fronteras y la transformación del yo.

Ezili Gé Rouge

Ezili Gé Rouge, la "Dama de los ojos rojos", es una poderosa y compleja Lwa en el vudú haitiano. A menudo se la asocia con el amor, la belleza, la pasión y la sensualidad, pero también con la guerra, el fuego y la destrucción. En su representación visual, esta Lwa suele representarse como una hermosa mujer de penetrantes ojos rojos vestida con ropas rojas y negras. Puede llevar una corona de espinas o una serpiente enroscada en el cuello. Su veve, o símbolo sagrado, muestra un corazón atravesado por una flecha y rodeado de llamas. Aunque no está sincretizada con ninguna santa católica, algunos practicantes pueden asociarla con Santa Bárbara o Santa Catalina.

Las correspondencias de Ezili Gé Rouge incluyen los colores rojo y negro, las hierbas verbena y sangre de dragón, y las flores hibisco y rosas rojas. Se la asocia con el fuego, el rayo y el elemento aire. Se la puede invocar junto a otros espíritus Ezili como Ezili Dantor y Ezili Freda. También se dice que tiene conexiones con los Lwa Ogou y los Agwe. La tradición que rodea a Ezili Gé Rouge la describe a menudo como una figura poderosa y apasionada, rápida para la ira, pero también ferozmente protectora de sus devotos. Se la considera una fuerza a tener en cuenta, capaz de un gran amor y destrucción.

Las ofrendas a esta Lwa pueden incluir vino tinto, velas rojas, alimentos picantes y perfume. Los devotos también pueden ofrecerle sangre, lo que no se recomienda a los practicantes inexpertos. Las señales de que ha recibido y aceptado una ofrenda pueden incluir fuertes vientos, llamas repentinas o el aroma de rosas ardiendo. Ezili Gé Rouge es honrada en el vudú haitiano a través de ceremonias privadas y públicas, a menudo celebradas los viernes. Aunque las prácticas pueden diferir, también se la celebra en las tradiciones vudú y hudú de Nueva Orleans. Sus devotos pueden bailar, cantar y realizar ofrendas en su honor, buscando su protección, guía y bendiciones en asuntos de amor, relaciones y pasión.

Ezili Dantor

Ezili Dantor, la diosa vudú haitiana del amor, la maternidad y la protección, es una figura poderosa y venerada en el panteón de los Lwa. Su imagen es la de una madre feroz y protectora, a menudo representada con un niño en brazos, un machete en una mano y una antorcha ardiente en la otra. Es conocida por ser a la vez nutricia y ferozmente protectora, ferozmente leal a sus hijos y sin miedo a defenderlos de cualquier amenaza. Su velo es una representación de un corazón atravesado por una espada, rodeado por las letras de su nombre. Está sincretizada con la figura católica de la Virgen Negra, y sus colores son típicamente el rojo y el azul. Sus correspondencias incluyen las hierbas albahaca, ruda, verbena, y las plantas rosa e hibisco. Se la asocia con el número 9; sus alimentos favoritos son el cerdo, la berenjena y el pan.

Se sabe que Ezili Dantor mantiene estrechas relaciones con otros Lwa, entre ellos Ogou, el dios de la guerra, y Erzili Freda, la diosa del amor y la belleza. A menudo se la considera protectora de las mujeres y los niños y también se la asocia con el lesbianismo y las relaciones entre personas del mismo sexo. Según la tradición, es una figura materna feroz y protectora que hará todo lo posible por defender a sus hijos. Una historia cuenta que utilizó su machete para cortarse la cabeza y ofrecérsela al espíritu de su hija, que había sido capturada y esclavizada por los propietarios de plantaciones blancas.

Las ofrendas preferidas a Ezili Dantor incluyen velas rojas y azules, flores y aceites de olor dulce. Los signos de que ella ha recibido y aceptado una ofrenda pueden incluir el olor a perfume dulce o flores y una sensación de calidez o confort. Ezili Dantor es celebrada y honrada en el vudú haitiano, el vudú de Nueva Orleans y el hudú. En el vudú haitiano, se la asocia a menudo con los ritos Petwo, conocidos por su energía intensa y ardiente. Su fiesta se celebra el 30 de mayo y se hacen ofrendas en sus altares con la esperanza de obtener su protección y bendiciones.

En el vudú y el hudú de Nueva Orleans se la asocia a menudo con la figura de Marie Laveau, la famosa reina del vudú de la que se decía que adoraba a Ezili Dantor. Su imagen puede encontrarse en muchas tiendas vudú y hudú, y se le hacen ofrendas con la esperanza de obtener su ayuda en cuestiones de amor, protección y fertilidad. En todas sus encarnaciones, Ezili Dantor es una figura poderosa y venerada, conocida por su amor feroz y su protección inquebrantable. Es un símbolo de fuerza y resistencia y un recordatorio de que, incluso ante una gran adversidad, podemos encontrar el valor y la fortaleza para vencer.

Agwe La Flambeau

Agwe La Flambeau es un Lwa poderoso y respetado en las tradiciones vudú haitiana, vudú de Nueva Orleans y hudú. Es el espíritu del mar y se le asocia con el agua, el océano y toda la vida acuática. A menudo se representa a este Lwa como un hombre fuerte y musculoso con la piel tan oscura como las profundidades del océano. Lleva un largo abrigo azul y un gorro de capitán, símbolo de su mando sobre la vasta extensión del mar. Su veta es un símbolo complejo que incorpora una variedad de vida marina, incluyendo peces, conchas marinas y olas. A menudo se dibuja con polvo blanco o azul y se utiliza en ceremonias para invocar su energía y poder. Otros símbolos asociados a Agwe son los barcos, las anclas y los tridentes.

En algunas tradiciones sincréticas, Agwe se asocia con San Ulrico, venerado en algunas zonas de Haití como patrón de los marinos. Sin embargo, en otras tradiciones no se le sincretiza con ningún santo en particular. Se le asocia con el color azul, que representa el océano y las profundidades marinas. Entre sus plantas sagradas se encuentran las algas, la uva de mar y la lavanda de mar. Las ofrendas que se le hacen suelen incluir marisco, como pescado, cangrejo o langosta, así como velas y flores azules.

Agwe está estrechamente asociado con otros espíritus del agua como La Sirène y Simbi. También se cree que colabora estrechamente con los Gede, los espíritus de los muertos, en las ceremonias que tienen lugar en el agua. Todos los relatos sobre este Lwa lo describen como un espíritu poderoso y benévolo que protege ferozmente a quienes le invocan. Es conocido por calmar incluso los mares más agitados y proporcionar un paso seguro a quienes viajan por el agua. En algunas historias, Agwe también se asocia con la riqueza y la prosperidad, ya que se cree que controla los vastos recursos del océano. Las señales de que ha aceptado una ofrenda pueden incluir un aumento de la fuerza de las corrientes oceánicas o la aparición de delfines u otra vida marina cerca de un barco. Las ofrendas también pueden estar marcadas por la aparición de una llama azul, que se cree que es una señal de su presencia.

Agwe se celebra y honra en diversas ceremonias y rituales del vudú haitiano, el vudú de Nueva Orleans y el hudú. En algunas tradiciones se le honra en la festividad de San Ulrich, mientras que en otras tiene sus propias ceremonias dedicadas. Muchas ceremonias dedicadas a este espíritu tienen lugar en el agua, con ofrendas que se le hacen a la orilla del mar o en barcos enviados a mar abierto. Estas ceremonias suelen incluir música, danza y tambores para invocar el poder de Agwe y honrar su papel como espíritu del mar.

Ogun Petro

Ogun Petro es un Lwa poderoso y dinámico en el vudú haitiano, con una personalidad ardiente y una fuerte presencia que impone respeto. Se le asocia con el fuego, el hierro y el trabajo del metal y a menudo se le representa como un herrero, blandiendo su martillo y su yunque con fuerza y destreza. En su forma humana, este Lwa suele describirse como alto y musculoso, de piel oscura y ojos penetrantes que parecen brillar con la intensidad de las llamas que comanda. Lleva un sombrero rojo o negro y un pañuelo rojo o blanco alrededor del cuello, a veces adornado con un collar de hierro u otros metales. El veve de Ogun Petro es un símbolo complejo y poderoso, que a menudo presenta una imagen central de un martillo y un yunque, rodeado de símbolos ardientes y otros motivos asociados con el trabajo del metal y la forja. Se dice que su veta tiene el poder de abrir puertas e invocar su espíritu, por lo que es tratada con gran reverencia y respeto por los practicantes del vudú haitiano.

Ogun Petro se sincretiza con el santo católico Santiago el Mayor, al que a menudo se representa como un guerrero o un peregrino, blandiendo una espada y llevando un sombrero adornado con conchas de vieira. Esta asociación con Santiago refleja la reputación de Lwa como un poderoso y feroz protector de sus seguidores, que no se detendrá ante nada para defenderlos del daño y la injusticia. En cuanto a sus correspondencias, Ogun Petro está asociado con el color rojo y el hierro, el acero y otros metales. También se le asocia con hierbas y plantas como la albahaca, la ruda y el tabaco, que a menudo se utilizan en ofrendas y rituales dedicados a él.

Ogun es conocido por sus estrechas relaciones con otros Lwa poderosos, como Ezili Dantor, el Barón Samedi y Papa Legba. Está especialmente unido al Lwa de fuego conocido como Met Kalfou, con el que comparte un poderoso vínculo basado en su asociación compartida con el fuego y la forja. Este Lwa de hierro es representado a menudo como un guerrero feroz e inquebrantable, dispuesto a enfrentarse a cualquier desafío o enemigo para proteger a su pueblo. A menudo se le asocia con actos de valentía y heroísmo y se le considera un símbolo de fuerza, determinación y coraje ante la adversidad.

Las ofrendas preferidas a Ogun Petro incluyen ofrendas de carne, ron y otros licores fuertes, así como objetos metálicos como cuchillos, herramientas o incluso piezas de automóviles. Las señales de que ha recibido y aceptado las ofrendas pueden incluir el parpadeo de las llamas o el sonido de metal repiqueteando en la distancia. A menudo se honra a Ogun Petro con ceremonias ardientes que implican hogueras, chispas y el golpeteo del metal. Estas celebraciones pueden tener lugar en épocas concretas del año, como la fiesta de Santiago Apóstol en julio, o pueden celebrarse en honor de acontecimientos u ocasiones específicas. En el vudú y el hudú de Nueva Orleans, el Ogun Petro se asocia a menudo con el poderoso ritual de "cortar y limpiar", que consiste en utilizar herramientas de metal para despejar la energía negativa y los obstáculos de la propia vida.

Capítulo Siete: Altares vudú y hudú

¿Necesita un santuario o un altar?

En la práctica del vudú y el hudú, un altar o santuario puede ser una poderosa herramienta utilizada para conectar con el mundo espiritual. Sirve como punto focal para su devoción, proporciona un espacio para sus ofrendas y es un lugar dedicado para sus oraciones. Pero la pregunta sigue en pie. ¿Es necesario un altar o un santuario?

Un santuario vudú
Calvin Hennick, for WBUR Boston, CC BY 3.0 <https://creativecommons.org/licenses/by/3.0>, via Wikimedia Commons
https://commons.wikimedia.org/wiki/File:Haitian_vodou_altar_to_Petwo,_Rada,_and_Gede_spirits;_November_5,_2010..jpg

La respuesta a esta pregunta es tanto sí como no. En última instancia, depende de sus creencias y prácticas personales. Para algunos, un altar es una parte esencial de su práctica espiritual. Para otros, no es necesario. Suponga que encuentra consuelo y conexión en disponer de un espacio físico para su práctica espiritual. En ese caso, un altar puede ser una herramienta poderosa. Puede utilizar su altar para honrar a sus antepasados, deidades o santos. También puede utilizarlo para crear un espacio para sus oraciones, para dar las gracias o para buscar orientación.

El acto de montar un altar puede ser un proceso meditativo e intencionado. Puede elegir elementos que tengan un significado personal para usted, como velas, cristales, estatuas o imágenes. También puede utilizar elementos tradicionalmente asociados con el vudú y el hudú, como tierra de cementerio, polvo de ladrillo rojo o bolsas de mojo. Su altar puede ser tan sencillo o elaborado como desee. Puede ser un pequeño rincón de su habitación o una habitación entera dedicada a su práctica. La clave es crear un espacio que se sienta sagrado para usted, un espacio que le permita conectar con el mundo espiritual de una forma significativa.

Pero, ¿y si es usted alguien que no siente la necesidad de un altar o santuario o que, por alguna razón, no puede montar uno? ¿Sigue siendo posible conectar con el mundo espiritual sin uno? La respuesta es sí. No necesita un espacio físico para conectar con el mundo espiritual. Puede conectar con lo divino a través de sus pensamientos, acciones e intenciones. Puede ofrecer oraciones y agradecimientos esté donde esté, tanto si se encuentra en una ciudad abarrotada de gente como en un bosque tranquilo. No se desanime si no dispone de espacio o recursos para crear un altar. Hay muchas formas de conectar con el mundo espiritual sin necesidad de uno. Puede crear un altar virtual utilizando imágenes y símbolos que resuenen con usted. También puede simplemente tomarse un momento cada día para reflexionar sobre su espiritualidad, dar las gracias o pedir que le guíen.

En última instancia, tener o no un altar o santuario es una decisión personal. Es importante honrar sus creencias y prácticas y crear una práctica espiritual que se sienta auténtica. Tanto si crea un espacio físico para su práctica como si conecta con el mundo espiritual de otras formas, sepa que sus intenciones y su devoción importan de verdad. En el vudú y el hudú, el aspecto más importante de su práctica es su conexión con el mundo espiritual. Tanto si decide tener un altar como si no, la clave está en abordar su práctica con reverencia y respeto. El mundo espiritual es un lugar poderoso y sagrado, y depende de usted crear una práctica que honre su complejidad y belleza.

Si decide crear un altar o un santuario, debe tener en cuenta varias consideraciones. En primer lugar, es importante elegir un lugar que le parezca sagrado. Puede ser un rincón de su habitación, un espacio dedicado en su casa o incluso un espacio al aire libre. La clave es elegir un lugar que le resulte cómodo y propicio para su práctica espiritual. En segundo lugar, es importante elegir objetos que tengan un significado personal para usted. Esto puede incluir velas, cristales, estatuas o cuadros. También puede elegir objetos tradicionalmente asociados con el vudú y el hudú, como tierra de cementerio, polvo de ladrillo rojo o bolsas de mojo. Los objetos que elija deben ser significativos para usted y ayudarle a conectar con el mundo espiritual de forma personal y auténtica.

En tercer lugar, es importante fijar intenciones para su altar o santuario. ¿Qué espera conseguir con su práctica? ¿Con quién espera conectar? Establecer intenciones le permite crear una práctica centrada e intencionada que le ayude a alcanzar sus objetivos espirituales. Por último, es importante mantener su altar o santuario con cuidado y respeto. Manténgalo limpio y organizado, y renueve sus ofrendas con regularidad. Dedique un tiempo cada día a conectar con su altar y a ofrecer sus oraciones y agradecimientos.

Cómo crear un altar vudú para un Lwa

Crear un altar vudú dedicado a un Lwa específico puede ser una experiencia poderosa y transformadora. Un altar puede servirle como espacio físico para conectar con el mundo espiritual y profundizar en su relación con un Lwa específico. En esta guía, obtendrá algunas ideas útiles para crear un altar vudú dedicado a un Lwa específico y algunos consejos sobre cómo honrar a su Lwa elegido y conectar con él.

Primer paso - Elegir su Lwa: En primer lugar, es importante elegir un Lwa con el que sienta una fuerte conexión. Los Lwa son espíritus que sirven de intermediarios entre los mundos humano y divino. Cada Lwa tiene su propia personalidad, energía y áreas de influencia. Algunos de los Lwa más conocidos son Papa Legba, Barón Samedi, Ezili Danto y Ogun. Investigue y explore los diferentes Lwa para encontrar uno que resuene con usted.

Segundo paso - Elegir y limpiar el espacio: Una vez que haya elegido un Lwa, es hora de crear su altar. Encuentre un espacio en su casa que sienta sagrado y que pueda dedicar a su práctica. Puede utilizar una mesa pequeña, una estantería o incluso un rincón de su habitación. Limpie el espacio con un poco de salvia o incienso para despejar cualquier energía negativa y crear una atmósfera sagrada.

Tercer paso - Elegir lo que va en su altar: A continuación, elija algunos objetos asociados a su Lwa elegido para colocarlos en su altar. Pueden ser velas, hierbas, cristales, estatuas u otros objetos simbólicos. Por ejemplo, supongamos que está creando un altar para Papa Legba. En ese caso, puede elegir colocar una estatua de él en su altar, junto con una vela blanca, un poco de tabaco y un poco de ron. Supongamos que está creando un altar para Ezili Danto. En ese caso, puede elegir colocar una estatua de ella en su altar, junto con algunas velas rojas, algunas rosas y algo de champán.

Cuando coloque sus objetos en el altar, tenga en cuenta la energía y el simbolismo de cada uno de ellos. Cada objeto debe tener un propósito y una intención específicos. Por ejemplo, las velas pueden representar la luz y la energía de lo divino, mientras que las hierbas pueden utilizarse para la protección y la curación. Elija los objetos que le parezcan significativos y que le ayuden a conectar con la energía del Lwa que haya elegido.

Cuarto paso - Conectar con su Lwa: Una vez que haya montado su altar, es el momento de conectar con su Lwa elegido. Una forma de hacerlo es mediante la oración y las ofrendas. Encienda una vela y algo de incienso, y ofrezca algo de comida o bebida a su Lwa. Hable a su Lwa desde el corazón y pídale su guía y protección. También puede optar por realizar un ritual o una danza para honrar a su Lwa y profundizar su conexión.

Otra forma de conectar con su Lwa elegido es a través de la meditación y la visualización. Siéntese frente a su altar y cierre los ojos. Visualice a su Lwa elegido de pie frente a usted e imagínese rodeado de su energía y protección. Permítase estar abierto a cualquier mensaje o guía que su Lwa pueda ofrecerle.

Quinto paso - Cuidar su altar: Es importante mantener su altar con cuidado y respeto. Manténgalo limpio y organizado, y renueve sus ofrendas con regularidad. Dedique un tiempo cada día a conectar con su altar y a ofrecer sus oraciones y agradecimientos.

Cambiar su altar vudú por uno hudú

Cambiar su altar vudú por uno Hoodoo puede ser una transformación significativa en su práctica espiritual. El Hoodoo es una forma de magia popular afroamericana estrechamente relacionada con el Vudú, pero que tiene tradiciones y prácticas únicas. Si está interesado en incorporar el Hoodoo a su práctica, puede hacer algunas cosas para cambiar su altar vudú por uno Hoodoo.

En primer lugar, es importante comprender las diferencias entre el vudú y el hudú. Aunque ambas tradiciones comparten algunos puntos en común, el Hoodoo suele centrarse más en la magia práctica y el trabajo con hechizos, mientras que el Vudú se centra más en la conexión espiritual y el ritual. El Hoodoo también hace hincapié en el uso de hierbas, raíces y otros materiales naturales en el trabajo de hechizos.

Para cambiar su altar vudú por uno Hoodoo, añada a su altar algunos objetos específicos Hoodoo. Estos pueden incluir hierbas, raíces, aceites y otros ingredientes utilizados habitualmente en los hechizos Hoodoo. También puede añadir algunos objetos simbólicos, como una bolsa de mojo o un pequeño espejo, utilizados a menudo en la magia Hoodoo.

Otra forma de cambiar su altar vudú por uno Hoodoo es incorporar algunos rituales y prácticas Hoodoo específicos a su rutina diaria. Por ejemplo, puede realizar un baño espiritual diario o utilizar un aceite específico para ungirse antes de realizar hechizos. También puede incorporar algunas oraciones o cánticos específicos asociados al Hoodoo.

Cómo preparar su altar para la veneración ancestral

Si le interesa la veneración ancestral, también puede modificar su altar para adecuarlo a esta práctica. La veneración ancestral es la práctica de honrar y conectar con sus antepasados, que son vistos como poderosos guías espirituales y protectores. He aquí algunos consejos útiles para crear un altar de veneración ancestral:

Incorpore sus fotos: Incorporar fotos o retratos de sus antepasados en su altar puede ser una forma poderosa de conectar visualmente con ellos durante su veneración. Cuando coloca una foto de su antepasado o antepasados en su altar, le sirve de recordatorio de su presencia en su vida y de su relevancia para su historia familiar. Puede ser una forma de honrar su memoria y reconocer sus contribuciones a su vida y a la de sus antepasados. Las fotos de sus antepasados en su altar también pueden ayudarle a crear un espacio sagrado para que conecte con ellos. Cuando se siente a adorar en su altar, ver los rostros de sus antepasados puede crearle una sensación de confort y familiaridad. Puede ayudarle a sentirse menos solo y más conectado con su historia familiar y su ascendencia.

Además, incorporar fotos de sus antepasados puede ser una forma de mantener vivo su recuerdo. Con el paso del tiempo, puede ser fácil olvidar los detalles de su historia familiar y las historias de sus antepasados. Sin embargo, al exponer sus fotos en su altar, mantiene vivo su recuerdo y preserva su legado para las generaciones futuras. A la hora de elegir qué fotos exhibir en su altar, puede considerar la posibilidad de seleccionar imágenes que sean significativas para usted o que representen momentos importantes de la historia de su familia. Por ejemplo, puede elegir una foto de su bisabuela el día de su boda o una foto de su abuelo durante su servicio militar. También puede optar por exponer fotos de antepasados que hayan fallecido más recientemente para honrar su memoria y mantener cerca su espíritu.

Además, es importante tratar las fotos de sus antepasados con respeto y cuidado. Puede considerar enmarcarlas o colocarlas en fundas protectoras para evitar que se dañen o deterioren con el tiempo. También puede limpiar periódicamente las fotos o disponerlas de forma que le resulten estéticamente agradables.

Utilice los objetos que una vez poseyeron: Estos objetos pueden ser cualquier cosa con significado personal o valor sentimental, como joyas, ropa u otras reliquias. Colocar estos objetos en su altar crea una conexión tangible con la historia de su familia y sus antepasados. Cuando ve y toca estos objetos, puede conectar con sus antepasados de una forma más visceral. Puede ser una experiencia poderosa sostener algo que su antepasado poseyó o vistió una vez y sentir que usted forma parte de su legado.

Colocar estos objetos en su altar también puede servirle para honrar la memoria de sus antepasados y respetar sus contribuciones a la historia de su familia. Por ejemplo, puede exhibir una pieza de joyería transmitida a través de varias generaciones de su familia o una prenda que su bisabuela cosió a mano. Estos objetos pueden recordarle los sacrificios y el duro trabajo que sus antepasados realizaron para construir su legado familiar. Al colocar estos objetos en su altar, es importante tratarlos con cuidado. Puede considerar colocarlos en un paño especial o en un expositor o disponerlos de una forma que le resulte estéticamente agradable. También puede limpiar los objetos periódicamente para evitar que se dañen o deterioren.

Ofrézcales su comida y bebida favoritas: Esta puede ser una forma poderosa de honrar su memoria y crear un sentimiento de conexión con ellos a través de experiencias y tradiciones compartidas. Ofrecer comida o bebida a sus antepasados puede hacerse de varias maneras. Una de ellas consiste en ofrecerles algo significativo durante su vida. Por ejemplo, supongamos que a su abuela le encantaba un tipo concreto de té. En ese caso, podría ofrecer ese té en su altar como forma de conectar con ella y honrar su memoria. Del mismo modo, si su abuelo tenía una comida o bebida favorita, podría considerar ofrecer ese artículo en su altar en su honor.

Otro enfoque consiste en preparar un plato o bebida especial dirigido específicamente a la memoria de sus antepasados. Podría tratarse de una receta familiar transmitida de generación en generación o de un plato que usted cree basándose en las tradiciones culturales de sus antepasados. Al preparar esta comida o bebida y ofrecerla en su altar, está creando un sentido de continuidad con su historia familiar y honrando las tradiciones y costumbres de sus antepasados. Al ofrecer comida o bebida en su altar, es importante hacerlo con cuidado y respeto. Puede optar por colocar la comida o la bebida en un plato o taza especial o disponerla de un modo que le resulte estéticamente agradable. También puede encender velas o incienso para honrar aún más a sus antepasados y crear un espacio sagrado para su memoria.

Preguntas frecuentes

P: ¿Está bien tener varios altares?

R: Sí, está absolutamente bien tener varios altares. De hecho, muchos practicantes tienen altares separados para diferentes propósitos, como uno para los antepasados, otro para los Lwas y otro para otros seres espirituales. Tener varios altares le permite concentrar su energía en áreas de práctica específicas. Puede ayudarle a crear una práctica espiritual más personalizada y significativa.

P: Si dedico un altar tanto a un antepasado como a un Lwa, ¿estaría bien?

R: Está perfectamente bien dedicar un altar a un antepasado y a un Lwa. En el vudú, los antepasados y los Lwas suelen considerarse interconectados, y no es raro que los practicantes honren a ambos en el mismo altar. Solo tiene que seguir los rituales o prácticas específicos asociados a cada espíritu y mostrar a ambos el respeto que se merecen.

P: ¿Puedo dedicar mi altar a varios Lwas?

R: Sí, es posible dedicar su altar a varios Lwas, aunque es importante hacerlo con cuidado y respeto. Antes de dedicar su altar a varios Lwas, asegúrese de que comprende las características y los requisitos de cada Lwa y de que puede proporcionar las ofrendas y la atención necesarias a cada espíritu. Por ejemplo, nunca debe tener el mismo altar para un Rada y un Petro Lwa a menos que haya dividido el altar de forma que una mitad esté dedicada a cada nanchon.

P: ¿Qué debo hacer con las ofrendas de comida después de un tiempo?

R: Es importante deshacerse de las ofrendas de comida respetuosamente. En muchas tradiciones vudú, es habitual dejar las ofrendas fuera durante un cierto tiempo (como 24 horas) y después deshacerse de ellas de forma natural, como enterrarlas en la tierra o arrojarlas al agua corriente. Asegúrese de hacerlo de forma respetuosa con los espíritus y con el medio ambiente.

P: ¿Cómo se limpia el altar?

R: Limpiar el altar es importante para mantener una práctica espiritual. Dependiendo de su tradición y preferencias específicas, hay muchas formas de limpiar un altar. Un método común es utilizar humo de hierbas o incienso, como salvia o palo santo. También puede utilizar sonidos como una campana o un cuenco tibetano para limpiar la energía negativa. Otro método consiste en limpiar físicamente el altar con agua y jabón suave mientras se centra en la intención de limpiar y purificar el espacio. Sea cual sea el método que elija, asegúrese de hacerlo con cuidado e intención, y muestre siempre respeto por los espíritus y el propio altar.

P: ¿Puedo utilizar mi altar para la adivinación o el trabajo con hechizos?

R: Los altares pueden utilizarse para diversas prácticas espirituales, incluidas la adivinación y los conjuros. Sin embargo, es importante abordar estas prácticas con cuidado y respeto y seguir los rituales o tradiciones específicos asociados a ellas. Si es nuevo en la adivinación o el trabajo con hechizos, sería útil buscar la orientación de un practicante más experimentado o investigar y practicar ampliamente antes de intentar estas prácticas espirituales por su cuenta.

P: ¿Con qué frecuencia debo limpiar y refrescar mi altar?

R: La frecuencia con la que limpie y refresque su altar dependerá de su práctica específica y de los espíritus con los que esté trabajando. Algunos practicantes prefieren limpiar su altar a diario o semanalmente, mientras que otros solo lo hacen en ocasiones especiales o cuando trabajan con espíritus específicos. Es importante escuchar su intuición y la guía de los espíritus a la hora de mantener su altar. Siempre debe mostrar respeto y cuidado por el espacio utilizado y por los espíritus con los que trabaja.

P: ¿Qué debo hacer si mi altar resulta perturbado o dañado?

R: Si su altar sufre algún tipo de alteración o daño, es importante que tome las medidas necesarias para restaurarlo lo antes posible. Lo primero que debe hacer es evaluar el alcance de los daños. Si es menor, es posible que pueda repararlo usted mismo. Puede que necesite consultar a un practicante espiritual o a un anciano para que le oriente si es más extenso. Independientemente del alcance del daño, es importante limpiar y volver a consagrar el altar una vez reparado. Esto puede hacerse emborronando la zona con salvia o palo santo, ungiendo el altar con agua bendita o agua de Florida y ofreciendo oraciones y ofrendas a los espíritus para pedir su perdón y bendiciones. También es importante investigar la causa de la perturbación o el daño. Si se debió a causas naturales como una tormenta o un terremoto, es posible que tenga que realizar un ritual especial para apaciguar a los espíritus de la tierra. Si se debió a la interferencia humana, puede que necesite realizar un ritual más complicado para eliminar cualquier energía negativa y proteger su altar de futuros daños.

Capítulo Ocho: Bolsas de mojo y gris-gris

Las bolsas de mojo y los gris-gris se encuentran entre los amuletos vudú más importantes, aunque la mayoría de la gente parece conocer solo los muñecos vudú, que en realidad son una forma de gris-gris por sí mismos. En este capítulo, aprenderá todo sobre estos amuletos y sus usos, así como a fabricarlos.

Una bolsa de mojo
Teogomez, CC BY-SA 3.0 <http://creativecommons.org/licenses/by-sa/3.0/>, vía Wikimedia Commons https://commons.wikimedia.org/wiki/File:Grisgristuareg.JPG

¿Gris? ¿Bolsas de mojo?

Las bolsas de mojo y los gris-gris son poderosos amuletos arraigados en las creencias y prácticas vudú. Estos objetos son más que meras baratijas. Están imbuidos de poder y significado espiritual y forman parte integral de la tradición vudú. A veces se conocen como bolsas de monjo o jomo. Las bolsas de mojo son pequeñas bolsas, normalmente de franela o cuero, llenas de hierbas, raíces, piedras y otros ingredientes mágicos. Suelen llevarse encima o pueden colocarse en un lugar específico, como un altar o un espacio sagrado.

El gris-gris, por su parte, es más específico de la tradición vudú de Nueva Orleans. Se cree que la palabra "gris-gris" procede de la palabra yoruba para juju. Algunos dicen que procede de la palabra francesa "joujou", que se refiere a un juguete o juguete. Los gris-gris también son bolsas llenas de ingredientes mágicos, pero suelen llevarse en una cuerda alrededor del cuello o la cintura. Los gris-gris también pueden adoptar otras formas, como pequeños muñecos de tela, tótems o incluso polvos.

Tanto las bolsas de mojo como los gris-gris están profundamente relacionados con las creencias y prácticas vudú. En la tradición vudú, se cree que todo en el universo está imbuido de energía espiritual. Esta energía puede aprovecharse y utilizarse para diversos fines, desde la curación a la protección, pasando por los hechizos de amor. Las bolsas de mojo y los gris-gris son herramientas que los practicantes de vudú utilizan para acceder a esta energía y canalizarla hacia un objetivo específico. En el vudú, los ingredientes que van en las bolsas de mojo y los gris-gris se eligen cuidadosamente por sus propiedades espirituales. Por ejemplo, a hierbas como la albahaca, el romero y la menta se les atribuyen cualidades protectoras, mientras que a raíces como la mandrágora, la zarzaparrilla y el ginseng se les atribuyen poderes curativos. Se cree que piedras como la amatista, el cuarzo y la hematites tienen energías diferentes, que se utilizan para fines distintos.

La forma de fabricar y utilizar las bolsas de mojo y los gris-gris también refleja las creencias y prácticas vudú. Estos amuletos se hacen a menudo durante fases específicas de la luna o durante ciertas épocas del año en las que se cree que la energía espiritual es particularmente fuerte. La persona que fabrica el amuleto también puede realizar rituales u oraciones específicas para imbuirlo de un poder adicional. Los usos de las bolsas de mojo y los gris-gris son tan variados como los ingredientes que los componen. Pueden utilizarse para obtener protección, suerte, amor, dinero e incluso para maldecir a un enemigo. En algunos casos, pueden combinarse con otras prácticas vudú, como la magia con velas o los baños espirituales.

En el vudú, las bolsas de mojo y los gris-gris se consideran objetos muy personales. A menudo se fabrican específicamente para un individuo e incluso pueden contener objetos personales como pelo o recortes de uñas. Se cree que cuanto más estrecha sea la conexión entre el individuo y el amuleto, más poderoso será.

Cómo hacer su bolsa de mojo

Crear una bolsa de mojo es un ritual sagrado que requiere cuidado y atención. Antes de empezar, es importante elegir los materiales adecuados y fijar sus intenciones. Una bolsa de mojo es un objeto personal; cada una debe elaborarse con amor y cuidado. Para hacer una bolsa de mojo, necesitará los siguientes materiales:

- Un pequeño trozo de tela o bolsa de materiales naturales (como algodón, seda o cuero)
- Hierbas, raíces u otros ingredientes naturales (como huesos, cristales o monedas) que correspondan a su intención
- Hilo o cuerda
- Tijeras
- Aceite de unción (opcional)

Ahora que ha reunido sus materiales, es el momento de empezar:

1. **Establezca su intención:** Antes de empezar, es importante que fije su intención. Decida qué quiere que su bolsa de mojo haga por usted. Por ejemplo, ¿quiere que le traiga amor, éxito o protección? Esta intención guiará su selección de materiales.

2. **Elija sus ingredientes:** Seleccione hierbas, raíces u otros elementos naturales que se correspondan con su intención. Considere la posibilidad de consultar la guía de simbolismo de plantas y hierbas del capítulo anterior de este libro para orientarse.

3. **Corte la tela:** Corte un pequeño cuadrado de tela o utilice una bolsa prefabricada lo suficientemente grande para que quepan sus ingredientes.

4. **Añada sus ingredientes:** Coloque los ingredientes que haya elegido dentro de la bolsa o sobre la tela. Tenga cuidado de elegir solo los elementos que correspondan a su intención. Por ejemplo, si desea atraer el amor, puede utilizar pétalos de rosa, canela y hierba gatera. Si desea protección, puede utilizar un trozo de hematites, salvia y una pizca de sal.
5. **Ate la bolsa:** Después de añadir los ingredientes, ate con cuidado la bolsa o la tela utilizando el cordel o el hilo. Mientras ata la bolsa, concéntrese en su intención y pida las bendiciones de los espíritus y los antepasados.
6. **Unja la bolsa (opcional):** Puede ungir la bolsa con un aceite que corresponda a su intención. Por ejemplo, si desea atraer el amor, podría utilizar aceite de rosas. Si desea protección, puede utilizar un aceite protector como el incienso.
7. **Personalice la bolsa:** Su bolsa de mojo debe ser un objeto personal que refleje su espíritu individual. Puede personalizarla añadiendo un pequeño talismán o amuleto que le represente a usted o a algo importante para usted. Podría ser una pieza de joyería o una pequeña baratija.
8. **Consagre la bolsa:** Debe consagrar su bolsa de mojo colocándola en su altar y pidiendo las bendiciones de los espíritus y los antepasados. También puede limpiarla con el humo del incienso o la salvia quemados para eliminar cualquier energía negativa.
9. **Respire sobre la bolsa:** Exhale por la boca tres veces sobre la bolsa. Esto la activará para que pueda ponerse a trabajar en la intención que le haya fijado.

Siguiendo estos pasos, podrá crear una poderosa y eficaz bolsa de mojo imbuida de la energía de sus intenciones y de las bendiciones de sus espíritus y antepasados. Recuerde tratar su bolsa de mojo con respeto y cuidado, y mantenerla siempre cerca de usted para conseguir la máxima eficacia.

Cómo hacer su gris-gris

Hacer un gris-gris es una práctica sagrada y profundamente personal en el vudú. Implica elegir materiales con significados e intenciones específicos y crear un amuleto único que represente sus deseos y necesidades. Para empezar, reúna los siguientes materiales:

- Un trozo de tela, preferiblemente roja o negra
- Aguja e hilo
- Hierbas y especias, como albahaca, canela o menta
- Pequeños cristales o piedras, como cuarzo transparente o turmalina negra
- Objetos personales, como recortes de pelo o uñas
- Papel y bolígrafo

Un amuleto o talismán, como una pequeña pieza de joyería o una moneda Una vez que haya reunido sus materiales, siga estos pasos para crear su gris-gris:

1. **Elija su intención:** Antes de empezar, es importante saber qué quiere conseguir con su gris-gris. Tómese un tiempo para reflexionar sobre sus deseos y escríbalos en un papel.
2. **Elija sus materiales:** Cada hierba, cristal y objeto personal tiene su propio significado y energía. Elija los objetos que se alineen con su intención y añádalos a su área de trabajo.
3. **Corte su tela:** Corte un pequeño trozo de tela en forma de cuadrado o rectángulo. El tamaño de la tela dependerá del tamaño de su amuleto.
4. **Escriba su intención:** Con un bolígrafo o rotulador, escriba su intención en un pequeño trozo de papel. Doble el papel y colóquelo en el centro de la tela.
5. **Añada sus hierbas y especias:** Espolvoree un pequeño número de hierbas y especias sobre la tela. Cada hierba y especia tiene su propio significado, así que elija las que se alineen con su intención. Doble la tela y cosa los bordes, creando una pequeña bolsa.
6. **Añada sus cristales y objetos personales:** Añada sus cristales y objetos personales a la bolsita. Estos objetos añadirán energía personal a su gris-gris y le ayudarán a alinearlo con su intención.
7. **Añada su amuleto:** Elija un amuleto o talismán que represente su intención y añádalo a la bolsa. Puede ser una pequeña pieza de joyería o una moneda.
8. **Cierre su gris-gris:** Una vez que haya añadido todos sus materiales, cierre su gris-gris atándolo con un trozo de hilo. También puede coserlo para cerrarlo si lo prefiere.

9. **Limpie y cargue su gris-gris:** Sosténgalo entre sus manos y concentre su intención en él. También puede limpiarlo y cargarlo colocándolo a la luz de la luna o emborronándolo con salvia o palo santo.
10. **Respire sobre el gris-gris:** Hacer esto lo pondrá a trabajar en aquello para lo que lo haya creado.

Recuerde que crear un gris-gris es una práctica personal y sagrada. Elija materiales que se alineen con su intención y confíe en su intuición. Consulte el glosario al final del libro para obtener más ideas sobre qué tipo de materiales podría utilizar, así como sus significados espirituales, para que pueda ser más creativo con su manualidad. ¡Que su bolsa de mojo y su gris-gris le traigan las bendiciones y la protección que busca!

Usos de los amuletos vudú

Protección: Las bolsas de mojo y los gris-gris pueden utilizarse para protegerse de las energías negativas, la mala suerte y los daños. En lo que respecta a las prácticas vudú, la protección es uno de los usos más comunes de las bolsas de mojo y los gris-gris. Se cree que estos amuletos vudú proporcionan protección espiritual y física contra las energías negativas, la mala suerte y los daños.

En el vudú, la protección no solo tiene que ver con la seguridad física, sino también con el bienestar espiritual. Se cree que las energías e influencias negativas pueden adherirse a una persona, causándole angustia emocional y mental. Se cree que las bolsas de mojo y los gris-gris protegen contra estas energías negativas y ayudan a la persona a utilizarlas para mantener una sensación de equilibrio espiritual y emocional.

Amor y relaciones: Los amuletos vudú pueden atraer o potenciar el amor y fortalecer las relaciones. Los amuletos vudú también pueden utilizarse para traer armonía a las relaciones y profundizar la conexión entre la pareja. Los amuletos para el amor y las relaciones pueden elaborarse utilizando diversos ingredientes y símbolos que se cree que tienen propiedades asociadas con el amor, la pasión y el romance. En los amuletos para el amor y las relaciones pueden utilizarse símbolos. Por ejemplo, se puede hacer un amuleto utilizando dos corazones entrelazados para representar el amor que se profesa una pareja. Uno o ambos miembros de la pareja pueden llevar el amuleto para reforzar el vínculo entre ellos. Otros símbolos que pueden utilizarse son la flecha de Cupido, que representa el poder del amor y la atracción, y el símbolo del infinito, que representa la naturaleza eterna del amor.

Utilizar amuletos para el amor y las relaciones puede ayudarle a atraer más amor y armonía a su vida. Al centrar su energía e intenciones en atraer el amor o mejorar su relación, puede crear energía positiva para atraer más amor y felicidad a su vida. Es importante recordar que los amuletos del amor no son un sustituto de la comunicación y las acciones saludables en las relaciones, sino más bien una herramienta para apoyar y mejorar el amor que ya existe.

Salud y curación: Las bolsas de mojo y los gris-gris pueden utilizarse para la curación física, emocional y espiritual. Pueden ser herramientas poderosas para promover la curación física, emocional y espiritual. Estos amuletos pueden ayudar a aliviar dolencias y proporcionar fuerza y protección durante la enfermedad. Los materiales utilizados en la creación de estos amuletos pueden tener propiedades curativas, y la intención y la energía infundidas en el amuleto pueden ayudar a amplificar estas propiedades.

Al crear una bolsa de mojo o gris-gris con fines curativos, es importante establecer la intención para el amuleto y centrarse en el resultado deseado. Los materiales utilizados en el amuleto deben elegirse en función de sus propiedades curativas, y el amuleto debe infundirse con energía e intención positivas. A continuación, el amuleto puede llevarse encima o ponerse para promover la curación y la protección. Es importante tener en cuenta que, aunque las bolsas de mojo y los gris-gris pueden ser herramientas poderosas para promover la curación, no deben sustituir al tratamiento médico. Siempre es importante buscar consejo y tratamiento médico cuando se trata de problemas de salud. Las bolsas de mojo y el gris-gris pueden utilizarse junto con el tratamiento médico para promover la curación y el bienestar.

Prosperidad y abundancia: En el vudú, la prosperidad y la abundancia se consideran aspectos importantes de una vida bien vivida. Aunque la riqueza financiera no es la única medida de la prosperidad, es sin duda un aspecto importante de la misma. Los amuletos vudú pueden atraer la riqueza, el éxito y la abundancia en todos los ámbitos de la vida. El uso de bolsas de mojo y gris-gris en el vudú suele estar relacionado con el aprovechamiento del poder del universo para alcanzar los propios objetivos. Se cree que creando una representación física de los propios deseos, como una bolsa de mojo o un gris-gris, e imbuyéndola de poder espiritual, puede atraer el resultado deseado a su vida.

Para quienes buscan prosperidad y abundancia, los amuletos vudú pueden atraer la riqueza y el éxito y aumentar las oportunidades de obtener beneficios económicos. Estos amuletos pueden incluir objetos simbólicos como monedas o billetes de dólar, hierbas y otros materiales naturales a los que se atribuyen propiedades mágicas. Es importante señalar que el vudú no enseña que la riqueza y la prosperidad sean las únicas medidas del éxito o la felicidad. Más bien, se cree que la verdadera prosperidad abarca todos los aspectos de la vida, incluido el bienestar emocional, espiritual y social. Por lo tanto, los amuletos vudú utilizados para la prosperidad y la abundancia también pueden incluir artículos de crecimiento y realización personal, como cristales o símbolos de objetivos personales.

En general, los amuletos vudú utilizados para la prosperidad y la abundancia pretenden ayudar a las personas a alinear su energía con el universo, aumentando la probabilidad de éxito en todos los ámbitos de la vida. Aunque la ganancia financiera suele ser un resultado deseado, la verdadera prosperidad también implica la realización emocional y espiritual, lo que convierte al vudú en un enfoque holístico para alcanzar la prosperidad y la abundancia.

Asuntos legales: Las bolsas de mojo y los gris-gris no solo se utilizan con fines espirituales, sino que también pueden emplearse para ayudar en asuntos legales. Estos amuletos pueden ayudar a tener éxito en casos judiciales o negociaciones, así como dar protección contra daños legales. El poder de estos amuletos reside en su capacidad para conectar al individuo con el reino espiritual y proporcionarle guía y protección. Los practicantes de vudú creen que al crear una bolsa de mojo o gris-gris, están recurriendo al poder de sus antepasados y espíritus para que les guíen en sus asuntos legales.

Estos amuletos pueden llevarse sobre el cuerpo o colocarse estratégicamente para proporcionar el máximo beneficio. Cuando se utiliza en asuntos legales, la bolsa de mojo o gris-gris puede ayudar a proporcionar una mente clara y una presencia fuerte, facilitando la presentación de un caso sólido o la negociación de términos favorables. Además, la bolsa de mojo o gris-gris puede proteger de la energía negativa, incluida la dirigida hacia el individuo en procedimientos legales. Esto puede ayudar a garantizar que el individuo no sea acusado injustamente o castigado injustamente.

Conexión espiritual: Los amuletos vudú atraen bendiciones materiales o protección contra las energías negativas y también pueden mejorar sus conexiones espirituales. La práctica del vudú implica la creencia en la existencia de un mundo espiritual que está interconectado con el mundo físico. Por ello, los amuletos vudú pueden utilizarse para mejorar las conexiones espirituales con lo divino, los antepasados y los espíritus. Una forma en que los amuletos vudú pueden ayudar con la conexión espiritual es representando físicamente sus intenciones y oraciones. Cuando crea una bolsa de mojo o gris-gris, manifiesta físicamente sus deseos y necesidades. Al llevar o portar el amuleto, se recuerda a sí mismo sus objetivos espirituales y la energía que pone en conseguirlos.

Además, los amuletos vudú pueden utilizarse en rituales o ceremonias para mejorar las conexiones espirituales. Por ejemplo, una bolsa de mojo puede utilizarse en un ritual para conectar con los antepasados o pedir guía a los espíritus. La presencia del amuleto puede servir como punto focal para sus intenciones y oraciones, permitiéndole profundizar en sus conexiones espirituales. Además, los materiales utilizados para crear amuletos vudú también pueden tener un significado espiritual. Por ejemplo, se cree que ciertas hierbas o cristales tienen propiedades espirituales que pueden mejorar las conexiones espirituales o ayudar en la curación espiritual. Al incluir estos materiales en una bolsa de mojo o gris-gris, usted está utilizando sus propiedades espirituales para mejorar sus propias conexiones espirituales.

Consejos y trucos para adaptar los amuletos a sus necesidades

1. **Personalice los ingredientes:** Aunque a menudo se utilizan ingredientes tradicionales en las bolsas de mojo y los gris-gris, es importante elegir ingredientes que resuenen con usted y sus intenciones. Considere la posibilidad de utilizar hierbas u otros materiales con significado personal o propiedades específicas que se alineen con su resultado deseado.

2. **Personalice el color:** El color de la tela utilizada para hacer una bolsa de mojo o gris-gris también puede personalizarse para que se ajuste a sus intenciones. Considere la posibilidad de elegir un color que se corresponda con el propósito específico de su

amuleto, como el verde para el dinero o el rojo para el amor.

3. **Incorpore objetos personales:** Añadir objetos personales a su bolsa de mojo o gris-gris puede ayudar a reforzar su conexión con el amuleto y sus intenciones. Esto podría incluir una pieza de joyería, una pequeña foto o una intención escrita.

4. **Cargue y active el amuleto:** Antes de utilizar su amuleto, tómese el tiempo necesario para cargarlo con sus intenciones y activar su energía. Esto puede hacerse mediante la oración, la meditación u otras prácticas rituales. Recuerde que la respiración sobre el amuleto es vital.

5. **Recargue el amuleto según sea necesario:** A medida que siga utilizando su bolsa de mojo o gris-gris, es posible que pierda parte de su energía con el tiempo. Considere recargarlo periódicamente con prácticas de fijación de intenciones y activación de la energía para mantener su eficacia.

Capítulo Nueve: Limpieza y elevación de las protecciones

Aunque los medios de comunicación populares a menudo presentan el vudú y el hudú como algo relacionado con maldiciones y maleficios, lo cierto es que el mejor ataque es una buena defensa. Es esencial recordar que el Vudú y el Hudú son principalmente prácticas espirituales que se centran en la protección, la curación y en ayudar a las personas a alcanzar sus objetivos. Una de las formas más eficaces de protegerse es tomar un baño espiritual. Esta práctica consiste en utilizar una combinación de hierbas, aceites y otros ingredientes para limpiarse espiritualmente y protegerse de las energías negativas. Cuando se hace correctamente, un baño espiritual puede ayudarle a sentirse más equilibrado, centrado y con los pies en la tierra, así como a liberarse de cualquier energía negativa que pueda estar arrastrando.

Además de los baños espirituales, existen varios rituales y hechizos que puede utilizar para protegerse de las energías e influencias negativas. Estos pueden incluir la creación de un amuleto o talismán protector, la realización de un ritual para desterrar la energía negativa o el lanzamiento de un hechizo para protegerse de cualquier daño. Otro aspecto importante de la protección en el vudú y el hudú es trabajar con aliados espirituales. Esto podría incluir invocar a sus antepasados u otros espíritus para que le protejan y guíen o crear una relación con una deidad o espíritu en particular que sea conocido por proporcionar protección y apoyo.

Existen varios rituales y hechizos que proporcionan protección
Hidrash, CC BY-SA 4.0 <https://creativecommons.org/licenses/by-sa/4.0>, vía Wikimedia Commons
https://commons.wikimedia.org/wiki/File:A_man_dancing_the_Jars_dance_in_Tamale,_Ghana.jpg

Una de las cosas más importantes que hay que recordar cuando se trabaja con la protección en el vudú y el hudú es que no se trata solo de defenderse de las influencias externas. También se trata de cultivar una energía fuerte y positiva en su interior que le ayude a mantenerse centrado y enfocado sin importar sus desafíos. Para ello, es importante cultivar una práctica espiritual regular que incluya la oración, la meditación y otras prácticas que le ayuden a conectar con su interior y con lo divino. Esto podría implicar la creación de un ritual diario que incluya encender velas, quemar incienso y recitar oraciones o mantras. También podría implicar trabajar con un maestro o guía espiritual concreto que pueda ayudarle a profundizar en su práctica espiritual.

Baño del escudo de Legba (Para la autoprotección)

Materiales:
- Hojas de eucalipto
- Hierba limón
- Hojas de laurel
- Hojas de menta
- 7 velas blancas
- Un paño blanco
- Agua de Florida (una especie de colonia cítrica)
- Aceite de protección
- Una foto suya
- Un cuenco

Pasos a seguir:
1. Empiece encendiendo las velas y colocándolas en círculo a su alrededor.
2. Añada las hojas de eucalipto, la hierba limón, las hojas de laurel y las hojas de menta a un cuenco con agua caliente.
3. Coloque el cuenco sobre el paño blanco frente a usted.
4. Añada unas gotas de agua de Florida y aceite de protección al cuenco.
5. Sostenga la foto de usted en sus manos y concéntrese en su intención de protección.
6. Llame a sus antepasados y pídales que bendigan su baño.
7. Llame al Lwa de la protección, Papa Legba, y pídale su ayuda.
8. Añada la foto al cuenco y remueva el agua con la mano.
9. Recite una oración o afirmación de protección.
10. Sitúese en el centro del círculo de velas y vierta el agua del baño sobre su cabeza mientras recita una oración de protección.
11. Una vez que haya vertido toda el agua sobre su cabeza, apague las velas.

Hechizo del escudo ardiente (Para la autoprotección)

Materiales:
- Una vela roja
- Aceite de sangre de dragón
- Una foto suya
- Un trozo de tela roja
- Polvo protector
- Un espejo pequeño
- Un trozo de cuerda negra
- Un cuenco

Pasos:
1. Unja la vela roja con aceite de Sangre de Dragón y colóquela en el centro del cuenco.
2. Encienda la vela y concéntrese en su deseo de estar seguro y protegido.
3. Concéntrese en sus antepasados, pidiéndoles que den testimonio de este ritual y lo bendigan.
4. Sostenga la foto de usted en sus manos y recite una invocación al Lwa de la protección, Papa Legba.
5. Frote el polvo de protección en el paño rojo y envuélvalo alrededor del pequeño espejo.
6. Ate el trozo de cuerda negra alrededor del manojo.
7. Sostenga el manojo frente a la vela encendida y recite una oración o afirmación de protección.
8. Coloque el manojo junto a la vela y deje que esta se consuma por completo.
9. Mantenga el fardo con usted en todo momento para su protección.

Hechizo del escudo acorazado (Para la protección de otra persona)

Materiales:
- Una vela negra
- Aceite de protección
- Una foto de la persona que desea proteger
- Un trozo de hierro o acero
- Un paño negro
- Hilo negro
- Un cuenco

Pasos a seguir:
1. Unte la vela negra con aceite protector y colóquela en el centro del cuenco.
2. Encienda la vela y concéntrese en su intención de protección.
3. Llame a sus antepasados para que bendigan y sean testigos de su ritual.
4. Sostenga en sus manos la foto de la persona que desea proteger y recite una invocación a la Lwa de la protección, Ogun.
5. Coloque la foto en el cuenco y ponga encima el trozo de hierro o acero.
6. Envuelva el cuenco con la tela negra y átelo con el hilo negro.
7. Deje que la vela se consuma por completo.
8. Saque el fardo de tela del cuenco y entiérrelo en la tierra, preferiblemente cerca de la persona a la que desea proteger.

Hechizo Salvado por Danto (Para la protección del hogar)

Materiales:
- Una vela blanca
- Hierbas de protección (como laurel, tomillo y romero)
- Un pequeño cuenco de sal

- Un paño negro
- Un trozo de cuerda roja
- Una foto de su casa
- Un cuenco

Pasos a seguir:
1. Encienda la vela blanca y colóquela en el centro del cuenco.
2. Espolvoree las hierbas protectoras alrededor de la vela.
3. Llame a sus antepasados para que bendigan su ritual.
4. Sostenga la foto de su casa entre las manos y recite una invocación a la Lwa de la protección, Ezili Danto.
5. Coloque la foto en el cuenco y espolvoree sobre ella el pequeño cuenco de sal.
6. Envuelva el cuenco con el paño negro y átelo con el cordel rojo.
7. Deje que la vela se consuma por completo.
8. Saque el manojo de tela del cuenco y colóquelo en un lugar destacado de su casa para que continúe protegido.

Amuleto del Guardián Divino (Para protegerse a sí mismo o a otra persona)

Materiales:
- Un pequeño paño blanco
- Hilo blanco
- Aceite de protección
- Una foto de la persona que desea proteger
- Hojas de laurel secas
- Una pequeña pluma blanca
- Un pequeño cristal de cuarzo transparente

Pasos a seguir:
1. Empiece cortando la tela blanca en forma circular.
2. Coloque la foto de la persona que desea proteger en el centro de la tela.
3. Llame a sus antepasados para que bendigan su obra.

4. Añada unas gotas de aceite de protección sobre la foto.
5. Espolvoree algunas hojas secas de laurel alrededor de la foto.
6. Coloque la pequeña pluma blanca encima de las hojas de laurel.
7. Coloque el cristal de cuarzo transparente encima de la pluma.
8. Junte los bordes de la tela y átela con el hilo blanco.
9. Sostenga el amuleto en sus manos e invoque al Barón Samedi, pidiéndole su ayuda para proteger a la persona.
10. Invoque a los antepasados de la persona y pídales su protección y guía.
11. Entregue el amuleto a la persona para que lo lleve consigo en todo momento.

Amuleto del santuario (Para proteger el hogar)

Materiales:
- Una pequeña tela negra
- Hilo negro
- Aceite protector
- Un tarro pequeño con tapa
- Salvia seca
- Romero seco
- Un trozo de turmalina negra
- Sal negra

Pasos:
1. Empiece cortando la tela negra en forma de cuadrado.
2. Coloque la salvia y el romero secos en el tarro.
3. Añada unas gotas de aceite de protección sobre las hierbas.
4. Coloque la turmalina negra en el tarro.
5. Espolvoree un poco de sal negra sobre la turmalina.
6. Cierre bien la tapa del tarro.
7. Envuelva el tarro con la tela negra y átelo con el hilo negro.
8. Sostenga el amuleto en sus manos e invoque al Lwa de la protección, Ogun, pidiéndole su ayuda para proteger el hogar.

9. Invoque a sus antepasados y pídales también su protección y guía.
10. Coloque el amuleto en un lugar de la casa donde pueda verse, como en una estantería o repisa de la chimenea.

Tenga en cuenta que puede invocar a cualquier Lwa que prefiera para que le proteja y que siempre puede sustituir un material por otro. Tendrá que consultar el glosario al final del libro para saber qué funciona para cada cosa.

¿Ha sido hechizado?

No es infrecuente que las personas que practican el vudú sufran maleficios o maldiciones por parte de otros practicantes. Un maleficio puede causar daños y desgracias en muchos ámbitos de su vida, desde la salud hasta la carrera profesional y las relaciones. Si sospecha que ha sido hechizado, es importante tomar medidas inmediatas para protegerse y revertir los efectos de la maldición.

A continuación encontrará varios consejos que le ayudarán a comprobar si ha sido hechizado por otro practicante de vudú o no, y le explicarán cómo purgar el maleficio y protegerse en el futuro:

1. Preste atención a los cambios repentinos en su vida. Si ha estado experimentando una repentina racha de mala suerte o desgracias, podría ser señal de que ha sido embrujado. Los signos más comunes de un maleficio incluyen reveses financieros, en las relaciones, en la salud y en la carrera profesional.
2. Busque síntomas físicos. Un maleficio también puede causar síntomas físicos como dolores de cabeza, fatiga y problemas digestivos. Si experimenta síntomas físicos inexplicables, podría ser una señal de que ha sido hechizado.
3. Consulte con un practicante de vudú de confianza. Si sospecha que ha sido embrujado, es importante buscar la ayuda de un practicante de vudú de confianza. Ellos pueden ayudarle a determinar si ha sido embrujado y guiarle para revertir los efectos de la maldición.
4. Realice un ritual de limpieza. Puede realizar un ritual de limpieza para purgar el maleficio y limpiarse de energía negativa. Esto puede implicar tomar un baño con hierbas y aceites, emborronar

su casa con salvia o palo santo, o quemar velas para simbolizar la liberación de la energía negativa.
5. Invoque la ayuda de un Lwa poderoso. Para protegerse de futuros maleficios, puede invocar la ayuda de un Lwa poderoso, como Papa Legba, conocido por su capacidad de protección contra el mal y la energía negativa. Puede ofrecerle ofrendas de tabaco, ron o café y pedirle su protección.
6. Lleve amuletos protectores. Para protegerse de futuros maleficios, puede llevar amuletos protectores como una bolsa de mojo o un talismán hecho con materiales como hierbas, cristales y aceites. Una vez confeccionados, la bolsa o el talismán puede llevarlos consigo en todo momento.
7. Evite a las personas y situaciones negativas Evitar a las personas y situaciones negativas que puedan atraer energía negativa es importante para prevenir futuros maleficios. Rodéese de gente positiva y céntrese en pensamientos y acciones positivas.
8. Practique rituales de protección diarios: Una vez que le hayan quitado un maleficio, protegerse de futuros ataques es importante. Practique rituales de protección diarios, como encender velas o llevar talismanes protectores. También puede crear una bolsa de mojo protectora para llevarla siempre consigo. Incorpore hierbas protectoras, como hojas de laurel o salvia, a su hogar y a su espacio personal. Tomando estas medidas, puede crear un escudo de protección a su alrededor y alejar cualquier ataque futuro.

Capítulo Diez: Vudú para el amor y la abundancia

En el capítulo anterior, aprendió a realizar hechizos, baños, rituales y amuletos para la protección. Ahora, es el momento de abordar los asuntos del corazón... y del bolsillo. El vuduista sabe que tiene el poder de manifestar estos deseos en su vida creando amuletos. Como vuduista, comprenderá que los amuletos y hechizos se basan en el poder de la intención, la belleza de la creación y la magia de lo divino. Así, dominará el arte de hacer amuletos, baños y hechizos para abrir las compuertas del amor y la abundancia en su vida.

Baño de la pasión (Para atraer el amor hacia usted)

Materiales:
- Pétalos de rosa roja
- Aceite esencial de pachulí
- Palitos de canela o aceite esencial de canela
- Un paño rojo
- Una foto u objeto personal de la persona que desea atraer
- 7 velas rojas
- Un cuenco

Pasos a seguir:

1. Empiece encendiendo las velas y colocándolas en círculo alrededor del cuenco.
2. Añada los pétalos de rosa roja, unas gotas de aceite esencial de pachulí y una rama de canela o unas gotas de aceite esencial de canela al cuenco de agua caliente.
3. Coloque el cuenco sobre la tela roja que tiene delante.
4. Sostenga en sus manos la foto o el objeto personal de la persona que desea atraer y concéntrese en su intención de atraer su amor.
5. Llame a la Lwa del amor y la pasión, Ezili Freda, y pídale ayuda para atraer el amor de esa persona a su vida.
6. Invoque a sus antepasados y pídales su guía y protección.
7. Una vez que sienta que la foto o el objeto personal se ha cargado, retírelo del cuenco y séquelo.
8. Métase en la bañera y sumérjase durante al menos 20 minutos mientras medita sobre su intención y afirmaciones positivas.
9. Vierta el agua restante de la bañera sobre las velas para apagarlas.

Hechizo de la fuente del amor propio

Materiales:

- Una vela roja o rosa
- Pétalos de rosa
- Aceite de lavanda
- Miel
- Un espejo pequeño
- Tela roja o rosa
- Cinta roja o rosa
- Un trozo de papel y un bolígrafo

Pasos:

1. Empiece encendiendo la vela y colocándola delante de usted.
2. Escriba afirmaciones de amor propio en el trozo de papel, como *"Me quiero y me acepto tal y como soy"* o *"Irradio amor y*

confianza".

3. Colóquese el espejo frente a la cara y recite las afirmaciones en voz alta.
4. Moje el dedo en la miel y unte la vela con ella, diciendo: "Soy dulce, merecedora y amada".
5. Espolvoree pétalos de rosa alrededor de la vela y rocíe sobre ellos unas gotas de aceite de lavanda.
6. Doble el papel con sus afirmaciones y colóquelo debajo de la vela.
7. Envuelva la vela, el papel y los pétalos en la tela roja o rosa y ciérrela con la cinta.
8. Sujete el amuleto contra su corazón y diga: *"Soy digna de amor y me quiero a mí misma".*
9. Pida a la Lwa del amor, Erzulie Freda, sus bendiciones y su ayuda en su viaje hacia el amor propio.
10. Conserve el amuleto en su persona o en un lugar seguro como recordatorio de sus intenciones de amor propio.

Hechizo del dibujo del amor

Materiales:
- Bolsa de mojo de amor roja o rosa
- Pétalos de rosa
- Palitos de canela
- Hierba gatera
- Raíz de jengibre
- Piedra caliza
- Un trozo de papel y un bolígrafo

Pasos a seguir:
1. Empiece escribiendo en un papel las cualidades que desea en una pareja.
2. Llene la bolsa de mojo con pétalos de rosa, canela en rama, hierba gatera y raíz de jengibre.
3. Coloque la piedra lunar en el centro de las hierbas.

4. Doble el papel con las calidades que desee y colóquelo en la bolsa de mojo.
5. Sostenga la bolsa de mojo entre las manos y recite: *"Atraigo el amor que es verdadero, puro y bueno para mí".*
6. Pida a la Lwa del amor y la atracción, Erzili Dantor, su ayuda para manifestar sus deseos.
7. Mantenga la bolsa de mojo en su persona o en un lugar seguro, concentrándose en sus intenciones de amor y manteniendo el corazón abierto.

Hechizo del hogar amoroso

Materiales:
- Velas rosas o rojas (una por cada miembro del hogar)
- Aceite de vainilla
- Miel
- Un cuenco de sal
- Un trozo de papel y un bolígrafo

Pasos a seguir:
1. Empiece encendiendo una vela rosa o roja por cada miembro de la familia.
2. Escriba el nombre de cada miembro en el trozo de papel y colóquelo en el cuenco de sal.
3. Unja cada vela con una gota de aceite de vainilla y un chorrito de miel, diciendo: *"Que el amor y la armonía llenen nuestro hogar".*
4. Encienda cada vela y espolvoree una pizca de sal sobre la llama, diciendo: *"Que la negatividad y la discordia sean desterradas de nuestro hogar".*
5. Tómese de las manos con los miembros de su familia mientras arden las velas y recite una oración o afirmación por el amor y la unidad.
6. Pida a los Lwa que ha elegido sus bendiciones y protección sobre su hogar.
7. Deje que las velas se consuman por completo o apáguelas con un apagavelas, pero nunca las sople.

8. Deshágase de la sal y el papel enterrándolos fuera de su casa.

Nota: Es importante realizar este hechizo con el consentimiento y la participación de todos los miembros del hogar.

Amuleto de la oportunidad dorada

Materiales:
- Una pequeña moneda o amuleto dorado
- Una bolsa de cordón verde o dorada
- Palitos de canela
- Hojas de laurel
- Clavo de olor
- Bayas de pimienta de Jamaica

Pasos:
1. Empiece invocando al Lwa de la prosperidad, Ayizan, e invoque a sus antepasados para que le guíen y le den su bendición.
2. Sostenga la moneda o amuleto dorado en sus manos y visualícese recibiendo abundancia y oportunidades financieras.
3. Introduzca la moneda o amuleto en la bolsa de cordón verde o dorada.
4. Añada las ramas de canela, las hojas de laurel, los clavos y las bayas de pimienta de Jamaica.
5. Cierre la bolsa y agítela suavemente, diciendo: *"Las oportunidades vienen hacia mí; la prosperidad está aquí para quedarse".*
6. Lleve el amuleto consigo o guárdelo en un lugar seguro de su casa u oficina.

Amuleto del camino de la prosperidad

Materiales:
- Una bolsita o paño verde
- Un billete de dólar u otra moneda
- Hojas de menta
- Alfalfa

- Cristal de pirita
- Un pequeño amuleto o baratija dorada

Pasos:
1. Empiece invocando a Damballa y llamando a sus antepasados para que le guíen y le bendigan.
2. Coloque el billete de un dólar o la moneda en el centro de la tela o bolsita verde.
3. Añada las hojas de menta y la alfalfa.
4. Coloque el cristal de pirita encima del billete de un dólar o moneda.
5. Añada el pequeño amuleto o baratija de color dorado.
6. Ate el paño o la bolsita con una cinta o cordón dorado, diciendo: *"La riqueza y la prosperidad vienen hacia mí, bendiciones para mí todos los días"*.
7. Guarde el amuleto con usted o colóquelo en un lugar destacado de su casa u oficina.

Amuleto del éxito y la prosperidad

Materiales:
- Una bolsita roja o dorada
- Tres ramas de canela
- Bayas de pimienta de Jamaica
- Hojas de laurel
- Un trocito de cristal de citrino

Pasos:
1. Empiece invocando al Lwa de la oportunidad, Papa Legba, y pidiendo a sus antepasados su guía y bendiciones.
2. Coloque las ramas de canela, las bayas de pimienta de Jamaica y las hojas de laurel en la bolsa roja o dorada.
3. Añada el cristal citrino a la bolsa.
4. Sostenga la bolsa en sus manos y visualícese alcanzando el éxito y la prosperidad en su negocio o carrera.
5. Ate la bolsa con una cinta o cordón rojo o dorado, diciendo: *"El éxito y la prosperidad vienen hacia mí; bendiciones para mí*

todos los días".

6. Guarde el amuleto con usted o colóquelo en un lugar destacado de su oficina o espacio de trabajo.

Baño de la fortuna dorado

Materiales:
- Hojas de laurel
- Palitos de canela
- Flores secas de manzanilla
- Purpurina dorada
- Miel
- Leche de coco
- Vela amarilla
- Bañera

Pasos:
1. Encienda la vela amarilla y colóquela cerca de la bañera.
2. Añada al agua de la bañera un puñado de hojas de laurel, unas ramitas de canela y una pequeña cantidad de flores secas de manzanilla.
3. Añada una pizca de purpurina dorada y una cucharada de miel al agua de la bañera.
4. Vierta una lata de leche de coco y mézclelo todo.
5. Sumérjase en la bañera visualizándose rodeado de luz dorada y abundancia.
6. Invoque a la Lwa de la prosperidad, Erzili Freda, diciendo: *"Erzili Freda, por favor, bendíceme con tu amor y abundancia".*
7. Invoque a sus antepasados diciendo: "Antepasados, por favor, guíenme y protéjanme en mi camino hacia la prosperidad".

Baño de los negocios afortunados

Materiales:
- Bolsitas de té verde
- Hojas secas de albahaca
- Romero seco

- Purpurina verde
- Aceite de pachulí
- Vela verde
- Bañera

Pasos:
1. Encienda la vela verde y colóquela cerca de la bañera.
2. Añada al agua de la bañera 2-3 bolsitas de té verde, un puñado de hojas secas de albahaca y unas ramitas secas de romero.
3. Añada una pizca de purpurina verde y unas gotas de aceite de pachulí al agua de la bañera.
4. Sumérjase en la bañera visualizando el éxito y la abundancia en su negocio o carrera.
5. Invoque a Papa Legba diciendo: *"Papa Legba, por favor, abre las puertas del éxito y la prosperidad en mi negocio/carrera"*.
6. Invoque a sus antepasados diciendo: *"Antepasados, por favor, guíenme y protéjanme en mi camino hacia el éxito financiero"*.

Baño de la prosperidad

Materiales:
- Lavanda seca
- Flores secas de manzanilla
- Miel
- Vela blanca
- Bañera

Pasos:
1. Encienda la vela blanca y colóquela cerca de la bañera.
2. Añada un puñado de lavanda seca y una pequeña cantidad de flores secas de manzanilla al agua de la bañera.
3. Añada una cucharada de miel al agua de la bañera.
4. Sumérjase en la bañera, visualizando abundancia y prosperidad para la persona a la que desea ayudar.
5. Invoque a Loco diciendo: *"Loco, por favor, bendice a (nombre de la persona) con abundancia y prosperidad"*.

6. Invoque a sus antepasados diciendo: *"Antepasados, por favor, guíen y protejan a (nombre de la persona) en su camino hacia la prosperidad".*

Cómo elaborar sus propios rituales

Los rituales vudú son una práctica poderosa y sagrada que requiere una cuidadosa preparación y ejecución. Para crear un ritual exitoso y eficaz, es importante comprender la estructura general que siguen la mayoría de los rituales vudú. Los rituales vudú suelen dividirse en cuatro etapas:

- Preparación
- Invocación
- Posesión
- Despedida

La primera etapa, la preparación, es crucial para el éxito del ritual. Durante esta etapa, el practicante reunirá todos los materiales que necesite para el ritual, incluyendo hierbas, velas y otras herramientas. También prepararán el espacio físico donde tendrá lugar el ritual. Esto puede implicar montar un altar u otro espacio sagrado y limpiar y purificar la zona para eliminar cualquier energía o entidad negativa.

En la segunda etapa, la invocación, el practicante invoca a los espíritus y deidades para que le ayuden en su trabajo. Esto suele hacerse mediante oraciones, invocaciones y ofrendas, como comida o bebida. Durante esta etapa, el practicante también puede hacer peticiones o ruegos a los espíritus o deidades para obtener resultados específicos o bendiciones.

En la tercera etapa, la posesión, el practicante puede entrar en estado de trance y ser poseído por los espíritus o deidades. Esta puede ser una experiencia poderosa y transformadora, que permite al practicante obtener percepciones y recibir orientación de los espíritus. Durante la posesión, el practicante puede hablar en lenguas, bailar o expresar físicamente la presencia de los espíritus. En sus rituales personales, esto puede ser simplemente que sienta la energía de los Lwa en su interior y a su alrededor.

En la etapa final, el practicante se despide de los espíritus y deidades y los libera del espacio físico. Esto puede implicar ofrecer agradecimiento y gratitud por su ayuda y limpiar y purificar de nuevo la zona para eliminar cualquier energía o entidad persistente. Es importante tener en cuenta que no todos los rituales vudú seguirán esta estructura exacta y que los distintos practicantes pueden tener sus propias variaciones y métodos. Sin embargo, comprender la estructura general puede proporcionarle un marco útil para crear sus propios rituales o participar en los dirigidos por otros.

Además de las cuatro etapas, también es importante tener en cuenta la intención y la energía que hay detrás del ritual. El practicante debe abordar el ritual con una intención clara y centrada y creer firmemente en el poder de los espíritus y las deidades para que le ayuden en su trabajo. También deben ser respetuosos y conscientes de los espíritus y las deidades, ofreciendo gratitud y honor por su ayuda.

Glosario

En el vudú, se necesitan ciertos materiales para poder llevar a cabo los hechizos, venerar a los antepasados, a los Lwa y para hacer magia. Estos materiales suelen ser hierbas y raíces, velas y aceites. Necesitará conocer el significado espiritual de cada uno de estos artículos, y por eso se ha escrito este glosario para ofrecerle precisamente esa información.

Hierbas y raíces

Raíz de angélica - proporciona fuerza, protección y buena suerte. Se utiliza en hechizos de protección y curación.

Anís - aporta protección, purificación y habilidades psíquicas. Se utiliza en hechizos de adivinación y protección.

Albahaca - atrae la prosperidad, el amor y la paz. Se utiliza en hechizos de amor y dinero.

Hoja de laurel - proporciona protección, purificación y éxito. Se utiliza en hechizos de protección y deseos.

Cimífuga racemosa - aporta poder, fuerza y protección. Se utiliza en hechizos para romper maleficios y de protección.

Raíz de cálamo - trae suerte, dinero y curación. Se utiliza en hechizos para el éxito y la buena fortuna.

Alcanfor - repele la negatividad y el mal. Se utiliza en hechizos de purificación y protección.

Canela - atrae el éxito, la prosperidad y el amor. Se utiliza en hechizos de dinero y amor.

Clavo - proporciona protección, curación y amor. Se utiliza en hechizos de protección y amor.

Raíz de consuelda - aporta seguridad, protección y curación. Esto se utiliza en hechizos de seguridad y protección.

Sangre de dragón - aumenta el poder y el éxito. Se utiliza en hechizos de protección y fortalecimiento.

Eucalipto - aporta curación y purificación; se utiliza en hechizos de curación y limpieza.

Hinojo: potencia las capacidades psíquicas y aporta protección. Se utiliza en hechizos de adivinación y protección.

Incienso - aporta protección, purificación y crecimiento espiritual. Se utiliza en hechizos de purificación y protección.

Raíz de galanga - trae buena suerte, amor y protección y se utiliza en hechizos de amor y protección.

Jengibre - aumenta el poder y el éxito y se utiliza en hechizos para el éxito y la buena fortuna.

Baya de espino blanco - proporciona protección, purificación y buena suerte y se utiliza en hechizos de protección y curación.

Hisopo - aporta purificación y protección y se utiliza en hechizos de purificación y protección.

Jazmín - potencia las capacidades psíquicas y el amor y puede utilizarse en hechizos de amor y adivinación.

Bayas de enebro - aporta purificación y protección y puede utilizarse en hechizos de purificación y protección.

Lavanda - aporta calma, amor y purificación y se utiliza en hechizos de amor y purificación.

Toronjil - aporta amor y éxito y se utiliza en hechizos de amor y éxito.

Hierba limón - aporta purificación, amor y curación y se utiliza en los hechizos de purificación y amor.

Raíz de regaliz - aumenta el poder y el éxito y se utiliza a menudo en hechizos para el éxito y la buena fortuna.

Raíz de mandrágora: aumenta el poder y la protección y se utiliza en hechizos de protección y fortalecimiento.

Menta - aporta prosperidad, curación y protección y se utiliza en hechizos de dinero y curación.

Artemisa - potencia las capacidades psíquicas y aporta protección y se utiliza a menudo en hechizos de adivinación y protección.

Mirra - proporciona purificación, protección y crecimiento espiritual y se utiliza en hechizos de purificación y protección.

Ortiga - aporta protección, curación y purificación y se utiliza en hechizos de protección y curación.

Cáscara de naranja - potencia el amor y trae buena suerte y se utiliza en hechizos de amor y suerte.

Pachulí: aumenta el amor, la prosperidad y la protección y se utiliza en hechizos de amor y dinero.

Menta piperita - aporta prosperidad, curación y protección y se utiliza en hechizos de dinero y curación.

Pino - aporta purificación, protección y curación y puede utilizarse en hechizos de purificación y curación.

Pimienta roja - aporta protección y buena suerte y se utiliza a menudo en hechizos de protección y dinero.

Rosa - potencia el amor y trae curación y se suele utilizar en hechizos de amor y curación.

Romero - aporta purificación, protección y amor y se utiliza en hechizos de purificación y amor.

Sándalo - potencia la espiritualidad, aporta calma y claridad, y se utiliza en hechizos de meditación y purificación.

Raíz de zarzaparrilla - proporciona protección y aumenta la potencia sexual y se utiliza a menudo en hechizos de protección y amor.

Raíz de sello de Salomón - aporta protección y curación y puede utilizarse en hechizos de protección y curación.

Hierba de San Juan - aporta felicidad, protección y purificación. Puede utilizarse en hechizos de protección y purificación.

Tomillo - aporta purificación, valor y habilidades psíquicas. Se utiliza en hechizos de purificación y coraje.

Raíz de valeriana - potencia el amor, aporta calma y sueño, y puede utilizarse en hechizos de amor y sueño.

Verbena - potencia la espiritualidad, aporta protección y purificación, y se utiliza en hechizos de purificación y protección.

Vetiver - potencia el amor y aporta enraizamiento y protección; se utiliza a menudo en hechizos de amor y protección.

Salvia blanca - aporta purificación y protección y puede utilizarse en hechizos de purificación y protección.

Ajenjo: mejora las capacidades psíquicas y aporta protección, puede utilizarse en hechizos de adivinación y protección.

Milenrama - aporta coraje, protección y amor - se utiliza a menudo en hechizos de coraje y amor.

Yerba Santa - aporta purificación, curación y protección y se utiliza en hechizos de purificación y curación.

Raíz de yuca - aumenta el poder espiritual, aporta protección y prosperidad, se utiliza en hechizos de protección y dinero.

Nota: En el vudú, las hierbas y raíces desempeñan un papel importante en la práctica de la magia, ya que se cree que poseen propiedades espirituales que pueden ayudar en los hechizos y rituales. Las hierbas y raíces enumeradas anteriormente tienen diferentes significados espirituales, funciones y usos en los hechizos. Algunas se utilizan para la protección, la purificación y la curación, mientras que otras se emplean para el amor, la prosperidad y el éxito. Cuando se utilizan hierbas y raíces en los hechizos, es esencial comprender sus propiedades y cómo pueden incorporarse al hechizo. Algunas hierbas pueden quemarse, prepararse en té, llevarse en una bolsita o utilizarse en un baño. La elección de la hierba o raíz que utilice también puede depender del objetivo del hechizo y ser relevante para el Lwa o antepasado concreto que se invoque. Es importante tener en cuenta que, aunque las hierbas y raíces pueden ser potentes ayudas en hechizos y rituales, no sustituyen al asesoramiento médico o legal profesional. El vudú es una práctica espiritual poderosa y compleja, y debe abordarse con respeto, comprensión y precaución.

Aceites

Aceite de almizcle africano - aporta protección, amor y prosperidad y se utiliza en hechizos de amor y dinero.

Aceite de pimienta de Jamaica - aumenta el poder y el éxito y puede utilizarse en hechizos para el éxito y la buena fortuna.

Aceite de ámbar - proporciona protección y atrae el amor. Por ello, se utiliza en hechizos de protección y amor.

Aceite de anís - aporta purificación, habilidades psíquicas y protección. Se utiliza en hechizos de adivinación y protección.

Aceite de albahaca - atrae la prosperidad, el amor y la paz. A menudo se utiliza en hechizos de amor y dinero.

Aceite de bayas de laurel - atrae la prosperidad y la abundancia. Se utiliza en hechizos de dinero y prosperidad.

Aceite de benjuí - proporciona purificación, protección y crecimiento espiritual. Se utiliza en hechizos de purificación y protección.

Aceite de pimienta negra - aporta protección, purificación y éxito. Se utiliza en hechizos de protección y éxito.

Aceite de cálamo - trae buena suerte, dinero y curación y se utiliza en hechizos de éxito y buena fortuna.

Aceite de alcanfor - repele la negatividad y el mal y se utiliza en hechizos de purificación y protección.

Aceite de cardamomo - potencia el amor y trae buena suerte y se utiliza en hechizos de amor y suerte.

Aceite de madera de cedro - aporta purificación, protección y curación y se utiliza en hechizos de purificación y curación.

Aceite de manzanilla - aporta amor y purificación y se utiliza en hechizos de amor y purificación.

Aceite de canela - aporta éxito, prosperidad y amor y se utiliza en hechizos de dinero y amor.

Aceite de citronela - repele la negatividad y el mal y se utiliza en hechizos de purificación y protección.

Aceite de clavo - aporta protección, curación y amor y se utiliza a menudo en hechizos de protección y amor.

Aceite de coco - aporta purificación, protección y éxito y se utiliza en hechizos de purificación y éxito.

Aceite de eucalipto - aporta curación y purificación, por lo que se utiliza en hechizos de curación y limpieza.

Aceite de incienso - proporciona protección, purificación y crecimiento espiritual y se utiliza en hechizos de purificación y protección.

Aceite de gardenia - potencia el amor y aporta éxito, por lo que se utiliza a menudo en hechizos de amor y éxito.

Aceite de jengibre - potencia el poder y el éxito y se utiliza en hechizos para el éxito y la buena fortuna.

Aceite de pomelo - aporta purificación y curación, por lo que se utiliza en hechizos de purificación y curación.

Aceite de jazmín - potencia las capacidades psíquicas y el amor y puede utilizarse en hechizos de amor y adivinación.

Aceite de lavanda - aporta calma, amor y purificación y a veces se utiliza en hechizos de amor y purificación.

Aceite de hierba limón - aporta purificación, amor y curación y se utiliza en hechizos de purificación y amor.

Aceite de lima - aporta purificación y protección y se utiliza en hechizos de purificación y protección.

Aceite de loto - potencia el crecimiento espiritual y aporta amor y se utiliza en hechizos espirituales y de amor.

Aceite de magnolia - potencia el amor y trae buena suerte y se utiliza en hechizos de amor y suerte.

Aceite de Mirra - proporciona purificación, protección y crecimiento espiritual y se utiliza en hechizos de purificación y protección.

Aceite de neroli - potencia el amor y aporta purificación. Se utiliza en hechizos de amor y purificación.

Aceite de naranja - aporta purificación y potencia el amor. Se utiliza en hechizos de purificación y amor.

Aceite de pachulí - potencia el amor, la prosperidad y la protección y se utiliza a menudo en hechizos de amor y dinero.

Aceite de menta - aporta prosperidad, curación y protección. Se utiliza en hechizos de dinero y sanación.

Aceite de pino - aporta purificación, protección y curación. Se utiliza en hechizos de purificación y curación.

Aceite de rosas - mejora el amor y aporta curación. Se utiliza en hechizos de amor y curación.

Aceite de romero - aporta purificación, protección y amor y se utiliza a menudo en hechizos de purificación y amor.

Aceite de ruda - proporciona protección, purificación y curación y se utiliza en hechizos de protección y purificación.

Aceite de sándalo - potencia el crecimiento espiritual, la protección y la curación y se utiliza en hechizos espirituales y de curación.

Aceite de menta verde - aporta curación y purificación y puede utilizarse en hechizos de curación y purificación.

Aceite de hierba dulce - potencia el crecimiento espiritual y aporta purificación y se utiliza en hechizos espirituales y de purificación.

Aceite de mandarina - potencia el amor y aporta purificación, por lo que se utiliza en hechizos de amor y purificación.

Aceite del árbol del té - aporta curación y protección y se utiliza en hechizos de curación y protección.

Aceite de tomillo - potencia las capacidades psíquicas y aporta purificación, por lo que se utiliza en hechizos de adivinación y purificación.

Aceite de vainilla - mejora el amor y trae buena suerte y se utiliza en hechizos de amor y suerte.

Aceite de vetiver - potencia la protección, la purificación y la conexión a tierra. Se utiliza en hechizos de protección y purificación.

Aceite de glicinia - potencia las capacidades psíquicas y trae el éxito. Se utiliza en hechizos de adivinación y éxito.

Aceite de milenrama - potencia las capacidades psíquicas y atrae el amor. Se utiliza a menudo en los hechizos de adivinación y de amor.

Aceite de ylang - potencia el amor y aporta purificación. Se utiliza en hechizos de amor y purificación.

Aceite de zedoary - aporta purificación y mejora las capacidades psíquicas. Se utiliza en hechizos de purificación y adivinación.

Tenga en cuenta que estos aceites y sus correspondientes significados espirituales, funciones y usos pueden variar según el practicante y la tradición del vudú. Es importante investigar siempre y consultar con un practicante experimentado y de confianza antes de utilizar cualquier aceite o realizar cualquier hechizo.

Velas

Las velas son una herramienta importante en los rituales y hechizos vudú. A menudo se utilizan para centrar la intención del practicante y proporcionar una representación física de la energía dirigida hacia un objetivo o resultado concreto. El color de la vela utilizada en un hechizo puede desempeñar un papel importante en su eficacia, ya que cada color está asociado a una intención o energía particular. He aquí algunos colores de velas habituales en el vudú, junto con sus significados y usos espirituales:

Blanco: pureza, claridad, curación y protección. Las velas blancas pueden utilizarse para cualquier propósito, ya que representan la forma de energía más pura y neutra.

Negras: destierro, protección y ruptura de maldiciones. Las velas negras se utilizan a menudo en hechizos para eliminar la energía negativa o proteger contra el mal.

Rojo: amor, pasión, fuerza y coraje. Las velas rojas pueden utilizarse en hechizos relacionados con el amor romántico, así como para aumentar el poder y la confianza personales.

Rosa: amor, amistad y curación emocional. Las velas rosas se utilizan a menudo en hechizos relacionados con la curación emocional, el amor propio y la amistad.

Azul: calma, comunicación y curación. Las velas azules pueden utilizarse en hechizos relacionados con la comunicación clara, la tranquilidad y la curación emocional.

Verde: abundancia, prosperidad y crecimiento. Las velas verdes pueden utilizarse en hechizos relacionados con el dinero, el éxito y el crecimiento personal.

Amarillo: claridad, intelecto y creatividad. Las velas amarillas pueden utilizarse en hechizos relacionados con la claridad mental, la concentración y la creatividad.

Violeta: poder espiritual, intuición y habilidades psíquicas. Las velas violetas pueden utilizarse en hechizos relacionados con el crecimiento espiritual, las capacidades psíquicas y la intuición.

Naranja: energía, entusiasmo y éxito. Las velas naranjas pueden utilizarse en hechizos relacionados con el éxito, el entusiasmo y el aumento de energía.

Además de los diferentes colores, también hay diferentes tipos de velas utilizadas en el vudú. Algunos practicantes prefieren utilizar velas de cera de abeja, ya que se consideran más naturales y potentes que otros tipos de velas. Algunos también prefieren utilizar velas cónicas, que pueden tallarse con símbolos o inscripciones relacionadas con el resultado que se pretende obtener con el hechizo.

Descargo de responsabilidad: Haga lo que haga, le rogamos que no ingiera aceites ni hierbas, ya que pueden ser peligrosos. Cuando se aplique aceite en la piel, por favor haga primero una prueba de parche aplicando una pequeña cantidad en la parte interna de su muñeca y luego espere un día para ver si tiene alguna reacción adversa. Tenga en cuenta que debe mantener sus hierbas, raíces y aceites fuera del alcance de los niños y las mascotas para que no se hagan daño. Guárdelas en un lugar seguro donde solo usted pueda alcanzarlas.

Conclusión

Ha llegado al final de "Vudú para principiantes - Una guía sobre el vudú de Nueva Orleans, el vudú haitiano y el hudú". Gracias por tomarse el tiempo de leer este libro y explorar el rico y fascinante mundo del vudú. A lo largo de este libro, ha logrado comprender la historia, las creencias, las prácticas y las tradiciones del vudú. Ha aprendido las diferencias entre el vudú de Nueva Orleans, el vudú haitiano y el hudú y cómo cada una de estas prácticas puede utilizarse para ayudarle a alcanzar sus deseos y objetivos.

Ha descubierto la importancia de conectar con los ancestros y los espíritus y cómo trabajar con ellos para manifestar cambios positivos en su vida. Recuerde que los principios básicos del vudú son la fe, el respeto y la gratitud. Cuando se acerque a esta práctica con la mente y el corazón abiertos y con la intención de ayudarse a sí mismo y a los demás, se verá recompensado con poderosas experiencias espirituales y conexiones significativas.

Cuando empiece a incorporar las prácticas y rituales del vudú a su vida cotidiana, recuerde que la constancia y la dedicación son la clave. Cuanto más practique, más fuerte será su conexión con los espíritus y los antepasados, y más eficaces serán sus hechizos y rituales. También es importante que continúe sus estudios y busque la orientación de quienes llevan practicando más tiempo que usted. Asista a ceremonias y eventos vudú locales y conecte con otras personas que compartan su interés por esta práctica espiritual. Siempre hay más que aprender; buscando nuevos conocimientos y experiencias, seguirá creciendo y evolucionando en su práctica.

Por último, recuerde que el vudú es una poderosa herramienta de crecimiento y transformación personal, pero no sustituye a la ayuda profesional. Supongamos que experimenta graves problemas de salud física, emocional o mental. En ese caso, es importante buscar el consejo y la orientación de un profesional médico o de salud mental cualificado. Para terminar, que siga explorando esta fascinante y poderosa práctica espiritual con la mente y el corazón abiertos, y que los espíritus y los ancestros le guíen y bendigan en su camino.

Vea más libros escritos por Mari Silva

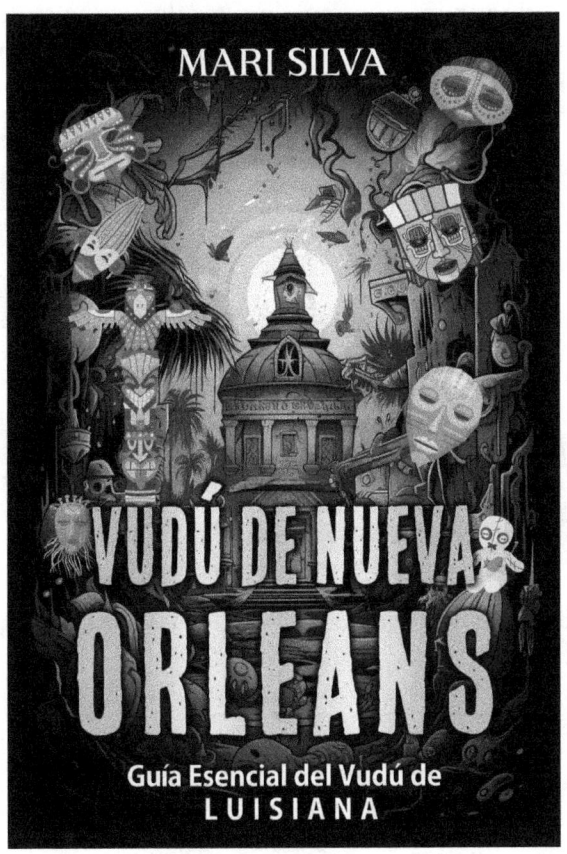

Su regalo gratuito

¡Gracias por descargar este libro! Si desea aprender más acerca de varios temas de espiritualidad, entonces únase a la comunidad de Mari Silva y obtenga el MP3 de meditación guiada para despertar su tercer ojo. Este MP3 de meditación guiada está diseñado para abrir y fortalecer el tercer ojo para que pueda experimentar un estado superior de conciencia.

https://livetolearn.lpages.co/mari-silva-third-eye-meditation-mp3-spanish/

¡O escanee el código QR!

Referencias

Desmangles, L. (1992). The Faces of the Gods: Vudú and Roman Catholicism in Haiti. University of North Carolina Press.

Fandrich, I. J. (2005). The Birth of New Orleans' Vudú Queen: A Long-Held Mystery Resolved. Louisiana History

Fandrich, I. J. (2007). Yorùbá influences Haitian Vudú and New Orleans Vudú. Journal of Black Studies.

Filan, K. (2010). The Haitian Vudú Handbook: Protocols for Riding with the Lwa. Destiny Books.

Guenin-Lelle, D. (2016). The Story of French New Orleans: History of a Creole City. Univ. Press of Mississippi.

Hazzard-Donald, K. (2012). Mojo workin': The old African American hoodoo system. University of Illinois Press.

Hebblethwaite, B. (2012). Vudú Songs in Haitian Creole and English. Temple University Press.

Hurston, Z. (1931). Hoodoo in America. The Journal of American Folklore.

McAlister, E. (2002). Rara! Vudú, Power, and Performance in Haiti and its Diaspora. University of California Press.

Murphy, J. (2011). Working the Spirit: Ceremonies of the African Diaspora. Beacon Press.

Packham, J. (2012). Vudú. The Encyclopedia of the Gothic.

Stewart, L. (2017). Work the Root: Black Feminism, Hoodoo Love Rituals, and Practices of Freedom. Hypatia.

Touchstone, B. (1972). Vudú in new Orleans. Louisiana History: The Journal of the Louisiana Historical Association

www.ingramcontent.com/pod-product-compliance
Lightning Source LLC
Chambersburg PA
CBHW051846160426
43209CB00006B/1182